Mehr Erfolg in Englisch

9. Klasse

Grammatik

Indirekte Rede, Gerundium,
Infinitiv, das Verb „lassen", Artikel,
Relativsätze, Passiv

Dr. Vincent Docherty
Gerhard Schmidt

Mit ausführlichem Lösungsteil

mentor
Eine Klasse besser.

Die Autoren:

Dr. Vincent Docherty, Dozent an Universität und Volkshochschule, Lektor für Anglistik, Autor zahlreicher Lehr- und Wörterbücher

Gerhard Schmidt, Oberstudienrat am Gymnasium

Neubearbeitung:
Anke Simon, Siegen

Layout:
Sabine Nasko, München

Umwelthinweis: Gedruckt auf chlorfrei gebleichtem Papier.

Quellenangabe Seite 77 © 1998 KFS/Distr. Bulls

Satz: Franzis print & media GmbH, München
Druck: Mercedes-Druck, Berlin
Bindung: Stein + Lehmann, Berlin
Printed in Germany
www.mentor.de

ISBN 978-3-580-65548-8

09010

Inhalt

Vorwort

Hello, let's go!

Wir freuen uns, dass du mit diesem mentor-Band deine Englischkenntnisse verbessern willst, und hoffen, dass du auch ein bisschen Spaß dabei hast.

1. Für wen ist dieses Buch geschrieben?
Du kannst mit diesem Buch englische Grammatik wiederholen und festigen, Lücken schließen oder dich fit machen für Klassenarbeiten. Vielleicht hast du schon öfter mit den mentor-Bänden gearbeitet und bist schon ein richtig alter mentor-Hase; wenn nicht, macht das nichts. Du wirst schnell merken, wie das Buch aufgebaut ist und wie gut du damit selbstständig arbeiten kannst.
Die Lehrpläne der meisten Bundesländer sehen vor, dass in der 9. und 10. Klasse weitestgehend die gleichen Grammatikthemen behandelt bzw. wiederholt und vertieft werden. Wir haben uns entschieden, diese Themen auf die mentor-Bände der 9. und 10. Klasse zu verteilen, damit alle wichtigen Themen ausführlich behandelt werden können. Wenn bei dir im Unterricht der 9. Klasse also ein Grammatikthema behandelt wird, das bei mentor erst im Band der 10. Klasse vorkommt, kannst du problemlos auch mit dem Band *Englisch – Grammatik 10. Klasse* (ISBN 978-3-580-65549-5) arbeiten. Dieser Band enthält die folgenden Themen: Simple Past und Present Perfect, einfache Form und Verlaufsform des Verbs, modale Hilfsverben, Partizip, Adjektiv und Adverb, Singular und Plural beim Substantiv.

2. Wie ist das Buch aufgebaut?
Wir haben versucht, dir einige der wichtigsten Kapitel der englischen Grammatik durch Beispiele, Tipps und Regeln leicht verständlich zu machen. Die daran anschließenden Übungen sind eine Art Trainingsprogramm und sollen dein neu erworbenes Wissen festigen. Jedes Kapitel endet mit einem Abschlusstest.

3. Wie kannst du mit dem Buch sinnvoll arbeiten?
- Du kannst das Buch von vorn bis hinten systematisch durcharbeiten.
- Du kannst dir aber auch einzelne Themen heraussuchen, zum Beispiel für die nächste Klassenarbeit oder Hausaufgabe.
  Immer aber solltest du ein ganzes Kapitel konsequent von der ersten bis zur letzten Seite durcharbeiten.
- Die meisten Übungen kannst du gleich im Buch lösen; zu anderen benötigst du ein zusätzliches Heft. Im Lösungsteil findest du nicht nur das Ergebnis jeder Übung, sondern oft haben wir zum besseren Verständnis zusätzliche Erklärungen gegeben.
- Der Lösungsteil dient dir zur Selbstkontrolle; mache also zuerst die Übungen und vergleiche dann dein Ergebnis mit der Lösung.

- Wenn du dir einmal mit den grammatischen Begriffen nicht sicher bist, kannst du sie im kleinen „Lexikon“ hinten in diesem Band nachschlagen.

Also dann, let’s get down to it! Und viel Erfolg!

Autoren und Verlag

Benutzerhinweise

Regel	Hier findest du eine wichtige Grammatikregel.
!	Hier findest du einen wichtigen Hinweis, den du auf jeden Fall beachten solltest.
Tipp	Hier geben wir dir praktische Tipps, die dir die Arbeit und das Lernen erleichtern.
Wortliste	Hier findest du wichtige Vokabeln und Redewendungen, die du lernen solltest.
Exercise	Dies ist entweder eine Frage, die dir beim Verstehen oder Herleiten von Grammatikregeln hilft, oder eine Übung, in der du das Gelernte anwenden sollst.

Indirekte Rede
Reported Speech

1. Der Aussagesatz und seine Umformungen

Wenn du berichten möchtest, was jemand sagt bzw. gesagt hat, verwendest du die indirekte Rede. Bei der Umformung eines Satzes von der direkten in die indirekte Rede wird die Zeitform (das Tempus) des Verbs unter bestimmten Voraussetzungen geändert.

Schau dir die folgenden Beispielsätze an. In welcher Zeit steht der Einführungssatz und welche Folgen hat das für die Zeitform der indirekten Rede?

direkte Rede	indirekte Rede
"I have never seen that man before."	*He says (that) he has never seen that man before.* *He will say (that) he has never seen that man before.* *He said (that) he had never seen that man before.*

A1 ***Ergänze nun die folgenden Sätze.*** **Exercise**

1. Wenn der Einführungssatz in der .... oder .... steht (wie im ersten und zweiten Beispielsatz), dann wird die Zeitform der direkten Rede in der indirekten Rede beibehalten.
2. Wenn der Einführungssatz in der .... steht (wie im dritten Beispielsatz), dann muss die Zeitform bei der Umformung geändert werden.

1.1 Die Rückverschiebung der Zeiten

Steht der Einführungssatz in der Vergangenheit – im Simple Past oder im Past Perfect –, dann werden die Zeiten folgendermaßen umgeformt:

	direkte Rede	**indirekte Rede**
	Present Tense	**Past Tense**
Simple Form:	"I like music."	She said (that) she liked music.
Progressive Form:	"I am learning to play the guitar."	She said (that) she was learning to play the guitar.
	Present Perfect	**Past Perfect**
Simple Form:	"I have done my homework."	He said (that) he had done his homework.
Progressive Form:	"I have been working all morning."	He said (that) he had been working all morning.
	Past Tense	**Past Perfect**
Simple Form:	"I met her at the disco."	He said (that) he had met her at the disco.
Progressive Form:	"I was dancing when suddenly ..."	He said (that) he had been dancing when suddenly ..."
	Future I	**Conditional I**
Simple Form:	"I'll come back soon."	She said (that) she would come back soon.
Progressive Form:	"I'll be talking to him later."	She said (that) she would be talking to him later.
	Future II (Future Perfect)	**Conditional II**
Simple Form:	"I'll have finished my homework by two o'clock."	She said (that) she would have finished her homework by two o'clock.
Progressive Form:	"I'll soon have been learning English for four years."	She said (that) she would soon have been learning English for four years.

	Past Perfect	Past Perfect
Simple Form:	"I had never seen her before."	He said (that) he had never seen her before.
Progressive Form:	"I had been watching TV for an hour when ..."	He said (that) he had been watching TV for an hour when ...

A2 ***Sieh dir die Übersicht an und beantworte die Fragen.*** Exercise

1 Welche Zeitformen bleiben in der indirekten Rede unverändert?

....

2. Was fällt dir auf, wenn du dir die Zeichensetzung bei der indirekten Rede anschaust? Im Gegensatz zum Deutschen steht ....

....

Die Sätze in der indirekten Rede können mit oder ohne *that* geschrieben werden. Es steht jedoch nie ein Komma!

Regel

Im Englischen werden die Regeln der Zeitenfolge (*the sequence of tenses*) wesentlich strenger eingehalten als im Deutschen.

!

Sieh dir den folgenden Kurztext an:

Mother: Where's John?
Father: Huh? I don't know.
Mother: John, where are you?
John: In my room!
Father: What did he say?
Mother: He said he was in his room.

John ist natürlich immer noch auf seinem Zimmer, aber trotzdem steht das Verb der indirekten Rede im letzten Satz im **Past Tense**, weil die Zeitenfolge genau eingehalten wird.

!

Allerdings gibt es eine kleine **Ausnahme:** Bei Aussagen, die immer gültig sind, muss die Zeitenfolge nicht unbedingt beachtet werden.

direkte Rede	**indirekte Rede**
"London is on the Thames."	*He said (that) London is on the Thames.* Aber hier könnte man ebenso sagen: *He said (that) London was on the Thames.*

Tipp

Wenn du Fehler vermeiden willst, solltest du das **Present Tense** (die Gegenwart) nie in der indirekten Rede benutzen!

Exercise

A3 ***Kreuze die richtige(n) Lösung(en) an und schreibe sie in die Lücke.***

1. "Tom goes to a football match every Sunday."

   Alan told me that Tom .... to a football match every Sunday.

   ☐ a) goes ☐ b) has gone ☐ c) went

2. "It's starting to rain!"
   John exclaimed that it .... to rain.

   ☐ a) was starting ☐ b) had started ☐ c) started

3. "Lisa has gone out."
   Mrs Jones told us that Lisa .... out.

   ☐ a) has gone ☐ b) went ☐ c) had gone

4. "The weather was great yesterday!"

   Susan said that the weather .... great yesterday.

   ☐ a) was ☐ b) has been ☐ c) had been

5. "Berlin is the capital of Germany."

   Nora told me that Berlin .... the capital of Germany.

   ☐ a) is ☐ b) was ☐ c) has been

1.2 Die Umformung von modalen Hilfsverben

Einige modale Hilfsverben bleiben in der indirekten Rede unverändert, andere werden umgeformt:

direkte Rede	indirekte Rede
can	*could*
could	*could*
may	*might*
might	*might*
needn't	*needn't*
shall	*should*
should	*should*
will	*would*
would	*would*
ought to	*ought to*
must	*must*
mustn't	*mustn't*

Wortliste

Anstelle von ***must*** findet man auch Umschreibungen mit ***(to) have to***. Das gilt allerdings nur dann, wenn ***must*** im Sinne einer **Notwendigkeit** verwendet wird.

I must (= have to) be in London by 10 o'clock.
Ich muss bis um 10 Uhr in London sein.

In der indirekten Rede kann die Umschreibung mit ***(to) have to*** stehen:

Mr Smith said (that) he had to be in London by 10 o'clock.

Aber auch in diesem Fall ist *must* möglich.

> Am besten hältst du dich einfach immer an ***must***, es sei denn, dein Lehrer bittet dich ausdrücklich, ***must*** mit ***(to) have to*** zu umschreiben.

Tipp

Exercise

A4 ***Setze die richtige Verbform ein.***

1. "You should go to bed a bit earlier!"

   My mother said that I .... go to bed a bit earlier.

2. "I must be home by 10 pm."

   Jim said that he .... be home by 10 pm.

3. "Mr Brown must be very happy as he won the national lottery last week."
   Bill said Mr Brown .... be very happy as he won the national lottery the week before.

4. "You ought to get your hair cut!"

   My mother said that I .... to get my hair cut.

5. "I can help you!"

   Susie said she .... help me.

1.3 Die Umformung von Pronomen

Wie im Deutschen werden die Pronomen (Fürwörter) der neuen Situation angepasst und müssen somit ebenfalls umgeformt werden.

Schau dir das folgende Beispiel an:

direkte Rede	indirekte Rede
Tom said to me, "I haven't seen you since September."	*Tom said to me (that) he hadn't seen me since September.*

Exercise

A5 ***Was hat sich in diesem Beispielsatz in der indirekten Rede geändert und warum?***

....

....

Exercise

A6 ***Forme die folgenden Sätze in die indirekte Rede um.***

1. "I'll tell Susan to give you a call."

   Ruth said that ....

   ....

2. "I've been washing dishes since 7 o'clock."

   My sister Patricia told me that ....

   ....

3. "I'm reading a very exciting detective story. I'll have finished it by Thursday."

   Paul said that ....

   and added that ....

4. "Your brother has been talking on the phone for almost half an hour."

   My dad complained that ....

   ....

5. "I've always liked classical music."

   Sarah said that ....

   ....

6. "I had never heard such nonsense."

   Mike told me that ....

   ....

7. "We were just getting ready to go to bed when the water pipe burst."

   Norman said that ....

   ....

1.4 Die Umformung von Adverbien

Auch Zeitadverbien müssen in der indirekten Rede umgeformt werden, wie bei den folgenden Beispielen deutlich wird:

direkte Rede	**indirekte Rede**
"We played tennis yesterday."	*He said (that) they had played tennis the day before.*
"We are going on holiday next week."	*He said (that) they were going on holiday the following week.*

Wie werden andere Zeitadverbien umgeformt?

Exercise **A7** ***Sieh dir die hervorgehobenen Adverbien in den Beispielsätzen an und vervollständige dann die Tabelle.***

direkte Rede	indirekte Rede
today	that day
	the day before
	the next day, the following day
now	then, at that point
next week	
	the following year
last night	
	the previous month, the month before
a week ago	
	a year before

Bei Zeitangaben muss man allerdings berücksichtigen, wann ein Vorgang **geschieht** und wann er **berichtet wird**.

Am Montag sagt Peter: *"I saw Sally yesterday."*

Wenn ich am Dienstag seine Worte wiedergebe, muss ich natürlich sagen: *Peter said (that) he had seen Sally the day before yesterday.*

Denn Peter sah Sally am Sonntag, und von Dienstag aus gesehen ist Sonntag bereits vorgestern *(the day before yesterday)*.

Kompliziert? Denk mal genau nach. Es ist eine Sache der Logik, nicht der Grammatik.

Regel

Ortsangaben wie *here* oder *there* müssen ebenfalls umgeformt werden. Aus ***here*** wird häufig ***there***.

There selbst bleibt manchmal unverändert. Es kann aber sein, dass durch *there* der Ort nicht genau bezeichnet wird. Dann sollte der Ort selbst ausdrücklich erwähnt werden.

direkte Rede	indirekte Rede
"Jim is wasting his time there (= in New York)."	*Mike said (that) Jim was wasting his time in New York.*
"I always have a good time here (= at the seaside)."	*John said (that) he always had a good time at the seaside.*

A8 ***Forme die Sätze in die indirekte Rede um.***

Exercise

Zusätzliche Angaben zu Zeit und Ort werden in Klammern angegeben.

1. "I met David when I was there (= at the party) last week."

   Chris said that ……………………………………………………………………

   ……………………………………………………………………………………

2. "We're going to Greece next week."

   Pam said that ……………………………………………………………………

   ……………………………………………………………………………………

3. (Direkte Rede: Dienstag; indirekte Rede: Mittwoch)
   "I went to Oxford to do some shopping yesterday."

   Barbara told me that ……………………………………………………………

   ……………………………………………………………………………………

4. "I hate being here (= in the classroom) when it's so sunny outside."

   Mr Anderson said that …………………………………………………………

   ……………………………………………………………………………………

5. (Direkte Rede: Freitag; indirekte Rede: Samstag)
   "We're going to the zoo tomorrow."

   Thomas said that …………………………………………………………………

   ……………………………………………………………………………………

2. Indirekte Fragen

Zunächst etwas Erfreuliches: **Die Zeiten werden beim Fragesatz genauso umgeformt wie beim Aussagesatz.** Indirekte Fragen werden durch ein Verb des Fragens eingeleitet (meist *[to] ask*; man findet allerdings auch *[to] wonder, [to] inquire, [to] want to know*).

Wenn du dir die folgenden Beispielsätze genau anschaust, siehst du, was du beachten musst, wenn du aus einer direkten Frage, die mit einem Fragewort beginnt, eine indirekte Frage bilden möchtest.

direkte Rede	indirekte Rede
"What time is it?"	*He asked (wanted to know) what time it was.*
"Why do you want to go to London?"	*He asked why I wanted to go to London.*
"Which bus did you get?"	*He asked which bus I had got.*

Exercise

A9 ***Vervollständige nun die Regel.***

Regel

Bei Fragesätzen mit einem Fragewort (z. B. *who, where, how,*
.................................., ..., ...)
wird das Fragewort in der indirekten Rede wiederholt.
Die Wortstellung ist wie in einem normalen Aussagesatz, nämlich
S – P – O, also: .... – .... –
....
Die in der direkten Frage notwendige Umschreibung mit *(to) do* bei Vollverben fällt weg.

Wenn es im Fragesatz kein Fragewort gibt, muss man entweder *if* oder *whether* hinzufügen. Die feinen Unterschiede zwischen den beiden Wörtern kannst du unbeachtet lassen: Fast immer sind beide möglich. Auch hier ist die Wortstellung wie bei einem Aussagesatz. Es gibt keine Umschreibung mit *(to) do*.

direkte Rede	**indirekte Rede**
"Do you want a drink?"	*Jill asked (me) if/whether I wanted a drink.*
"Did you enjoy going to the cinema?"	*I asked (her) if/whether she had enjoyed going to the cinema.*

Exercise

A10 ***Richtig oder falsch?***

Kreuze an, ob die folgenden indirekten Fragen richtig oder falsch sind, und korrigiere sie wenn nötig.

	richtig	falsch
1. My father asked me when did I get to Tom's house.	☐	☐
2. Uncle David wanted to know if I am looking forward to the holidays.	☐	☐
3. Aunt Kathy wanted to know whether I had got an umbrella with me.	☐	☐

1. ....
2. ....
3. ....

4. The old lady asked me where was the nearest post office. ☐ ☐

....

5. Mrs Robinson asked me do I take sugar in my tea. ☐ ☐

....

3. Indirekte Befehle und Bitten

Bei indirekten Befehlen und Bitten steht im Englischen meist eine Infinitivkonstruktion:
Verben des Befehlens und Bittens, z. B.
(to) tell
(to) order
(to) ask + Objekt + Infinitiv mit *to*
(to) want

Regel

direkte Rede	indirekte Rede
"Go out and find a job!"	*My father told me to go out and find a job.*
"Give me my pen."	*Judith asked me to give her her pen.*
"Turn your radio off!"	*My mother told me to turn my radio off.*

Sieh dir nun diese Beispiele an:

direkte Rede	indirekte Rede
"Don't be so cheeky!"	*My father told me not to be so cheeky.*
"Don't tell your mother."	*My friend Tom asked me not to tell my mother.*

A11 ***Wie bildet man indirekte Befehle bei verneinten Sätzen?***

Exercise

....

....

Exercise A12 ***Forme die folgenden Sätze in die indirekte Rede um:***

1. "Stop behaving like little children!"
   The teacher told us ....
2. "Don't tell Samantha what I said."
   Jane warned me ....
3. "Make me a cup of tea, please."
   My dad asked me ....
4. "Don't leave before I get back!"
   Paul told me ....
5. "Don't be so nosey!"
   Neil told me ....

4. Tipps zur Umformung

Der **deutsche Konjunktiv** wird zwar in der Umgangssprache selten gebraucht, dafür erscheint er aber umso häufiger in Schulaufgaben oder Klassenarbeiten! Solltest du Schwierigkeiten haben, den deutschen Konjunktiv der indirekten Rede ins Englische zu übersetzen, so empfiehlt sich folgende Vorgehensweise:

Tipp

Forme den deutschen Satz noch einmal in die direkte Rede um! Das Tempus, das du dann erhältst, musst du nun entsprechend den Regeln der Zeitenfolge umformen.

Hier ein Beispiel:

Er sagte, er sei krank = direkte Rede: „Ich bin krank."

Im Englischen heißt es in der direkten Rede also *"I am sick."*

Aus dem **Present Tense** wird dann ein **Past Tense** in der indirekten Rede: *He said he was sick.*

Die Lehrerin fragte Jill, was sie mache = direkte Rede: „Was machst du ?"

Im Englischen heißt es in der direkten Rede *"What are you doing?"* (**Verlaufsform,** weil sie es **gerade eben** macht.)

Aus dem **Present Progressive** wird in der indirekten Rede ein **Past Progressive:** *The teacher asked Jill what she was doing.*

A13 ***Kreuze die richtige Übersetzung an.*** Exercise

1. Kevin fragte mich, was ich suche.
   - ☐ a) Kevin asked me what I was looking for.
   - ☐ b) Kevin asked me what I am looking for.
2. Sie sagte, sie habe mich nicht gesehen.
   - ☐ a) She said that she hasn't see me.
   - ☐ b) She said that she hadn't seen me.
3. Er sagte, er habe zu viel zu tun.
   - ☐ a) He said that he has too much to do.
   - ☐ b) He said that he had too much to do.
4. Sie fragte mich, wo ich wohne.
   - ☐ a) She asked me where I lived.
   - ☐ b) She asked me where I am living.

A14 ***Übersetze die folgenden Sätze ins Englische.*** Exercise

1. Mandy fragte mich, was ich wolle.

   ....

2. Norma sagte, sie werde ihn fragen.

   ....

3. Mike sagte, er wisse nicht, was er tun solle.

   ....

4. Ich fragte ihn, ob er mitkommen könne.

   ....

Abschlusstest

Seit einer Woche ist Mrs MacTavish beunruhigt. Ihre 15-jährige Tochter Heather verbringt gerade zwei Wochen in Alsdorf bei Aachen im Rahmen eines Jugendaustauschprogramms. Heute telefoniert Mrs MacTavish mit ihrer Tochter. Hier einige Ausschnitte aus dem Gespräch:

Mrs MacTavish:	Heather, how are you?
Heather:	I'm fine, Mum, but a bit tired. We've been so busy since we got here that I've hardly had time to relax.
Mrs MacTavish:	Was the trip over all right?

Heather: The train journey wasn't too bad, but I was a bit sick on the ferry.

Mrs MacTavish: Tell me what you have been doing since you got to Germany.

Heather: I can't tell you everything, as that would take too long. Yesterday we went sightseeing in Aachen, and two days ago we went to Cologne to see the cathedral. Tomorrow we're going to play volleyball against the local youth team.

Mrs MacTavish: That sounds like a lot of fun. Are the people you're staying with nice?

Heather: They're very friendly – and their English is very good.

Mrs MacTavish: Oh, and what about the German food? Do you like it?

Heather: It's not too bad, but I prefer Scottish food.

Mrs MacTavish: Of course. Well, I'll call you back at the same time on Monday – your father will be away, and we can talk in peace. Bye-bye for now.

Mr MacTavish ist geschäftlich unterwegs. Als er am nächsten Tag nach Hause kommt, erzählt ihm seine Frau von dem Telefongespräch.

Benutze dieses Gespräch als Vorlage und fülle die Lücken aus. Die Einleitungsverben geben wir immer an.

Beachte dabei die folgende Regel:

Regel

Aus ***am/is/are*** in der direkten Rede wird immer ***was/were*** in der indirekten.
Aus ***has/have*** in der direkten Rede wird immer ***had*** in der indirekten.

Das gilt immer, egal, ob diese Verben als Voll- oder Hilfsverben verwendet werden. Beachte aber:
Es wird immer nur das **erste Hilfsverb** geändert!

direkte Rede	indirekte Rede
I am tired.	*He said (that) he was tired.*
I am going home.	*He said (that) he was going home.*
I have (got) two sisters.	*He said (that) he had (got) two sisters.*
I have been expecting you.	*He said (that) he had been expecting me.*

Mr MacTavish: What did you say to Heather?

Mrs MacTavish: First I asked her ....,

and she said that ....

.... She added that ....

....

....

Then I asked her ....

.... She replied that ....

....

Then I asked her ....

....

She answered that ....

Mr MacTavish: Thank goodness!

Mrs MacTavish: Don't be so mean! Well, Heather then said that ....

....

....

....

She added that ....

....

I replied that that sounded like a lot of fun. Then I asked if the people she was staying with were nice. Heather said that ....

....

....

Then I asked her about the German food and if she liked it. She said that ....

.... Then I said that I would call her back at the same time on Monday.

Mr MacTavish: Oh, our poor telephone bill!

B Gerundium
Gerund

1. Formen und Bildungsweise des Gerundiums

Du weißt schon lange, wie man im Englischen die *ing*-Form bildet, und so wird es für dich sicherlich keine größeren Schwierigkeiten mit dem **Gerundium** geben. Es stellt manchmal ein Problem dar, weil von Deutschen oftmals anstelle eines **Gerundiums** fälschlicherweise der Infinitiv verwendet wird. Arbeite dieses Kapitel sorgfältig durch, und du wirst sehen, dass der richtige Gebrauch ganz einfach zu lernen ist.

Dir sind sicher Wörter wie z. B. ***meeting, building, painting, feeling*** oder ***crossing*** bekannt. Wusstest du, dass es sich dabei um ursprüngliche Gerundien handelt? Sogar im Deutschen verwenden wir Wörter wie ***Camping, Jogging, Shopping, Timing*** oder ***Training***, alles ehemalige englische Gerundien.

Regel

> Das Gerundium leitet sich von einem Verb ab und wird wie ein Substantiv verwendet.

Man unterscheidet das **aktive** und das **passive Gerundium:**

beating = (das) Schlagen
being beaten = (das) Geschlagenwerden

Das sind natürlich nur die wörtlichen Übersetzungen, die man im Deutschen kaum verwendet.

Das aktive Gerundium wird gebildet aus der **Grundform des Verbs** + ***-ing***.

go + *-ing* = *going* = (das) Gehen
play + *-ing* = *playing* = (das) Spielen

Allerdings gilt auch hier: *There's no rule without an exception* = Keine Regel ohne Ausnahme. Deshalb schau dir einmal folgende Formen an:

1. *coming, having, making, taking, writing*
2. *beginning, digging, running, sitting, stopping*

3. *dying, lying*
4. *referring, occurring*
5. *travelling, controlling*

Versuche herauszufinden, welche Abweichungen von der Grundregel hier vorliegen.

B1 ***Trage zunächst die Grundform der Verben in die Übersicht ein und ergänze dann die Regeln.***

Exercise

1. *come*, ..., ..., ..., ...
Diese Verben enden alle mit einem *-e*, das nicht gesprochen wird.

Das stumme *-e* am Ende des Verbs .... vor *-ing*:
come + -ing → coming.

---

2. *begin*, ..., ..., ..., ...
Diese Verben enden alle mit einem einfachen Konsonanten. Der Vokal, der vorausgeht, ist einfach (d. h. nur ein Buchstabe), er ist betont *(be'gin)* und wird kurz gesprochen.

Vor *-ing* wird der Endkonsonant nach einfachem, betontem, kurzem Vokal

...............................:
hit + -ing → hitting.

Dagegen: ***burning, spreading, keeping*** (langer Vokal), ***de'veloping*** (Betonung nicht auf der letzten Silbe).

Regel

3. ...., ...
Beide Verben enden auf *-ie.*

Vor *-ing* wird das *-ie* des Verbs zu ....:
die + -ing → dying.

---

4. ...., ...
Wenn dem *-r* am Ende eines Verbs ein betonter Vokal vorausgeht, wird das *-r* vor *-ing* ....:
occur + -ing → occurring.

Dagegen: ***'differing***; ***'answering*** (Betonung nicht auf der letzten Silbe).

---

5. ...., ...
Wenn dem *-l* am Ende eines Verbs ein einfacher Vokal vorausgeht, wird das *-l* vor *-ing* ...., egal, ob dieser Vokal betont oder unbetont ist:
travel + -ing → travelling.

Dagegen: ***failing***; ***feeling*** (langer Vokal).

Exercise B2 ***Wende in der folgenden Übung die Regeln an und bilde zu jedem Verb das entsprechende Gerundium.***

Beispiel: *do* → *doing*

1. become becoming
2. buy buying
3. fulfil fulfilling
4. get getting
5. give giving
6. hit hitting
7. meet meeting
8. prefer prefering
9. put putting
10. quarrel quarrelling
11. rise rising
12. say saying
13. sell selling
14. shoot shooting
15. stir stirring

2. Gerundium als Subjekt

Sowohl das **Gerundium** als auch der **Infinitiv** können – genauso wie ein Substantiv – **Subjekt eines Satzes** sein.

Driving on the motorway is boring.
Es ist langweilig, auf der Autobahn zu fahren.

To drive in the fog at 100 m.p.h. was dangerous.
Es war gefährlich, im Nebel 160 km/h zu fahren.

Allerdings gibt es einen wesentlichen Unterschied im Gebrauch der beiden Formen als Subjekt eines Satzes:

Das **Gerundium** kommt nämlich **nur bei allgemeinen Aussagen** *(general statements)* vor.

Dancing is fun.
Tanzen macht Spaß.

Watching TV all day is stupid!
Den ganzen Tag vor dem Fernseher zu hocken, ist dumm!

Getting up at 6 o'clock is hard.
Es ist schwer, um 6 Uhr aufzustehen.

!

Willst du von einem **bestimmten Fall** reden, solltest du den **Infinitiv** verwenden (siehe auch Kapitel C, Seite XXf.).

To tell him that was stupid.
(Oder: *It was stupid to tell him that.*)
Es war dumm, ihm das zu sagen.

To get up at 6 o'clock on a Saturday was crazy.
Es war verrückt, am Samstag um 6 Uhr aufzustehen.

!

B3 ***Vervollständige die Übersetzung der folgenden Sätze.*** **Exercise**

1. Laufen ist schlecht für die Gelenke.
   walking .... is bad for the joints.
2. Alkoholtrinken und Rauchen sind ungesund.
   Drinking Alcohol and smoking .... are unhealthy.
3. Skifahren und Boxen können gefährlich sein.
   .... dangerous.
4. Tanzen ist sehr beliebt.
   Dancing is very .... popular.
5. Schachspielen ist der beste Sport für mich.
   ....

3. Gerundium als Objekt (Verb + Gerundium)

Das Gerundium kann auch direktes Objekt eines Satzes sein, und zwar nach bestimmten Verben. Nach diesen Verben darf kein Infinitiv stehen!

Wortliste

Hier eine Liste der wichtigsten Verben:

(to) admit	zugeben
(to) avoid	vermeiden
(to) carry on/keep on	weitermachen, fortfahren, nicht aufhören
(to) consider	erwägen, daran denken
(to) deny	leugnen, bestreiten
(to) dislike	nicht mögen, nicht gern tun
(to) enjoy	genießen, sehr gern tun
(to) finish	aufhören, beenden
(to) give up	aufgeben, aufhören
(to) imagine	sich (etwas) vorstellen
(to) practise	üben
(to) risk	riskieren, das Risiko eingehen
(to) suggest	vorschlagen, empfehlen

He admitted stealing the book.
Er gab zu, das Buch gestohlen zu haben.

Tipp

Hier und auf den folgenden Seiten kommen mehrere Wortlisten vor, die du ganz einfach auswendig lernen musst. Hier einige Methoden, wie du das Lernen von Wortlisten und Vokabeln abwechslungsreicher gestalten kannst:

- Lerne die Wörter, indem du mal die deutschen und dann wieder die englischen Wörter abdeckst.
- Schreibe die englischen Ausdrücke auf die Vorderseite und die deutschen Übersetzungen auf die Rückseite von Karteikarten und lerne damit.
- Lass dich von einem Partner/einer Partnerin abfragen.
- Bilde Sätze mit den Wörtern, teile diese in zwei Hälften und erstelle daraus ein Dominospiel.

Fallen dir noch andere Methoden ein?

B4 ***Bilde Sätze. Benutze dabei immer ein Gerundium.*** Exercise

Beispiel:
enjoy/to the café/I/go
I enjoy going to the café.

1. suggest/Andy/a taxi/take

....

2. give up/Sue/want to/smoke

....

3. image/you/live/can/in the USA?

....

4. dislike/I/in the rain/walk

....

B5 ***What about you?*** Exercise

Ergänze die folgenden Sätze. Verwende dabei immer ein Gerundium.

1. I enjoy ....
2. I dislike ....
3. I can imagine ....
4. I would like to give up ....
5. I try to avoid ....

4. Gerundium nach Substantiv/Adjektiv/ Verb + Präposition

Du hast im vorigen Kapitel eine Reihe von Verben kennengelernt, nach denen automatisch das Gerundium stehen muss. Es gibt darüber hinaus eine Reihe von Zusammensetzungen aus **Substantiv, Adjektiv oder Verb + Präposition,** nach denen ebenfalls das Gerundium verwendet wird. Solche Zusammensetzungen haben ihre „eigenen" Präpositionen. Man nennt sie **fixed prepositions**, d. h. feste, festgelegte Präpositionen – und die musst du einfach auswendig lernen.

4.1 Das Gerundium nach Substantiv + Präposition

Zunächst eine Liste der wichtigsten Verbindungen von **Substantiv + Präposition** *(noun + preposition)*. Zu jedem Ausdruck geben wir einige mögliche Übersetzungen an. Um den Gebrauch der Ausdrücke eindeutig zu machen, haben wir jeweils *doing something* (etwas zu tun) hinzugefügt.

Wortliste

*chance **of** doing something*	Möglichkeit, Chance, Aussicht, etwas zu tun
*danger **of** doing something*	Gefahr, etwas zu tun
*difficulty **in** doing something*	Schwierigkeit(en), etwas zu tun
*(for/in) fear **of** doing something*	(aus) Angst (davor), etwas zu tun
*hope **of** doing something*	Hoffnung darauf, etwas zu tun
*opportunity **of** doing something*	Gelegenheit, etwas zu tun
*reason **for** doing something*	Grund, etwas zu tun
*risk **of** doing something*	Risiko, etwas zu tun
*way **of** doing something*	Weg, Möglichkeit, etwas zu tun

We have no chance of catching the train now.
Jetzt haben wir überhaupt keine Chance mehr, den Zug zu erreichen!

The old lady lived in fear of being robbed.
Die alte Dame lebte in der Angst, beraubt zu werden.

Exercise

B6 ***Setze in der folgenden Übung die richtigen Präpositionen ein und bilde das Gerundium.***

Um deinen Übungserfolg besser kontrollieren zu können, schaue nicht auf die Wörterliste bzw. decke sie am besten zu.

Mary und John besuchen Bob und erzählen von ihrer Busfahrt mit Hindernissen.

Bob: Did you have any difficulty .... *(get)* here?

Mary: Yes, we certainly did! We got on the wrong bus and thought that we had no hope .... *(find)* you. We got off the bus as soon as we noticed our mistake, but that was too late. I said to John that it was no reason .... *(get)* into a panic, but as you don't have a phone, there was no way .... *(contact)* you. We knew this would be our last opportunity ....

.... *(see)* you before you left for Australia, so we didn't want to run the risk .... *(miss)* you. We walked around for a bit, but soon we were in danger .... *(get)* completely lost, so we stopped and asked a policeman. He was very helpful and showed us which bus to take. I knew we should have come by car!

4.2 Das Gerundium nach Adjektiv + Präposition

Auch hier zuerst wieder eine Liste der wichtigsten Zusammensetzungen *(adjective + preposition)* mit möglichen deutschen Entsprechungen:

*(to) be afraid **of***	Angst haben vor
*(to) be bad/good **at***	schlecht/gut sein in
*(to) be famous **for***	berühmt sein für
*(to) be fond **of***	gern (tun), mögen
*(to) be frightened **of***	Angst haben vor
*(to) be interested **in***	interessiert sein an
*(to) be keen **on***	gern (tun), darauf aus sein
*(to) be proud **of***	stolz sein auf
*(to) be surprised **at***	überrascht sein über
*(to) be tired **of***	überdrüssig, leid sein
*(to) get tired **of***	überdrüssig, leid werden

Wortliste

He was proud of being the fastest swimmer in the class.
Er war stolz darauf, der schnellste Schwimmer der Klasse zu sein.

B7 ***Lies den folgenden Text und unterstreiche jeweils die passende Präposition.***

Exercise

Peter was not interested *at/in/on* working hard at school. Although he wasn't bad *in/at/by* speaking English and French, he was really good *for/in/at* playing football, and he was not at all fond *in/by/of* doing his homework. After five minutes, he always got tired *at/of/in* sitting still, so he gave up and went to play football instead. He wasn't afraid *for/at/of* getting into trouble at school, because he was keen *on/at/for* becoming a professional footballer, and everyone knows that footballers don't have to be good at school. All day long, Peter dreamt of becoming famous *in/for/at* scoring goals.

4.3 Gerundium nach Verb + Präposition

Bei den folgenden Beispielen handelt es sich um Zusammensetzungen nach dem Muster **Verb + Präposition + Gerundium** *(verb + preposition + gerund)*.

Wortliste

*(to) accuse **of***	anklagen, beschuldigen wegen
*(to) believe **in***	glauben an; etwas halten von
*(to) blame **for***	die Schuld geben für
*(to) complain **about***	sich beklagen über
*(to) concentrate **on***	sich konzentrieren auf
*(to) dream **of***	träumen von
*(to) insist **on***	bestehen auf
*(to) prevent **from***	hindern an
*(to) rely **on***	sich verlassen auf
*(to) specialize **in***	sich spezialisieren auf
*(to) succeed **in***	Erfolg haben mit
*(to) talk **about***	sprechen über
*(to) think **of***	denken an
*(to) worry **about***	sich Sorgen machen wegen

I am thinking of getting married.
Ich denke daran zu heiraten.

Versuche, auch diese Verbindungen auswendig zu lernen.

Exercise

B8 ***Setze die passende Präposition ein und bilde aus dem Verb in Klammern ein Gerundium.***

Charlie Parker, a professional criminal, thought .... *(rob)* a bank, as he really needed some money. He specialized .... *(crack)* safes, but he believed .... *(do)* everything all by himself, because he did not trust anybody else. He dreamt .... *(become)* a millionaire after he had robbed the bank. First he concentrated .... *(make)* a perfect plan. When he told his wife about it, she tried to prevent him .... *(carry out)* his intentions, but Charlie insisted .... *(try)* to rob the bank anyway. He was relying .... *(find)* a safe full of money – then his troubles would be all over!

When the great day arrived, Charlie soon succeeded .... *(get into)* the bank without being seen or heard. Although he usually didn't worry .... *(get caught)*, Charlie had a funny feeling that something might go wrong. And he was right. Soon the police arrived and caught him red-handed.[1] He was accused .... *(break)* into the bank, and soon he was behind bars. His wife blamed him .... *(try)* to be too clever. Whenever she visited him in prison, she complained .... *(not have)* enough money to pay the rent. So much for trying to become a millionaire!

[1]auf frischer Tat

4.4 Das Gerundium nach der Präposition *to*

Häufig verwendete Ausdrücke mit der Präposition ***to*** sind:

(to) be accustomed ***to***	gewöhnt sein an
(to) look forward ***to***	sich freuen auf
(to) object ***to***	Einwände haben gegen, etwas dagegen haben
(to) be used ***to***	gewöhnt sein an

Wortliste

Das Wörtchen ***to*** kann im Englischen zwei ganz verschiedene Funktionen haben. Es kann sowohl Teil eines Infinitivs (z. B. ***to*** *go*, ***to*** *work* usw.) als auch eine ganz normale Präposition sein (z. B. *He went* ***to*** *the shop. He spoke* ***to*** *her.*).
Bei den oben gezeigten Ausdrücken wird das ***to*** oft falsch verstanden, und zwar als Teil des Infinitivs. Tatsächlich ist es aber in diesen Fällen eine ganz normale Präposition, nach der das Gerundium stehen muss.

Aber woran erkennst du das?
Wenn du unsicher bist, ob ein ***to*** Präposition oder Teil eines Infinitivs ist, musst du feststellen, ob nach dem ***to*** auch ein Substantiv oder ein Pronomen stehen kann. Ist das der Fall, handelt es sich um eine ganz normale Präposition. Vergleiche die folgenden Beispiele:

The British are accustomed to rainy weather.
The British are accustomed to drinking tea.

Im ersten Beispiel folgt ein **Substantiv** auf ***to***. Das bedeutet, dass ***to*** eine Präposition ist. Wenn ein **Verb** unmittelbar auf eine Präposition folgt, wie im zweiten Beispiel, muss das Verb in der Gerundiumform stehen, also ***drinking***.

Exercise **B9** ***Kreuze an, ob es sich bei to um eine Präposition oder um Teil eines Infinitivs handelt.***

	Präposition	Teil eines Infinitivs
1. I'm looking forward to hearing from you.	☐	☐
2. Sam doesn't want to go out tonight.	☐	☐
3. Mrs Anderson isn't used to living on her own.	☐	☐
4. I have to tell you the truth.	☐	☐
5. Ann isn't accustomed to the cold weather here.	☐	☐

used to und *(to) be used to*

Nun kommen wir noch zu zwei häufig gebrauchten Ausdrücken im Englischen, die oft verwechselt werden, nämlich ***used to*** und ***(to) be used to***. Sieh dir einmal die beiden folgenden Sätze an:

a) *He used to visit her every day.*
Früher besuchte er sie jeden Tag.

b) *He is used to visiting her every day.*
Er ist daran gewöhnt, sie jeden Tag zu besuchen.

Du hast sicherlich schon bemerkt, dass im ersten Satz nach ***used to*** ein Infinitiv steht und im zweiten nach ***be used to*** ein Gerundium.

zu a) ***Used to*** + **Infinitiv** gibt es **nur** in der **Vergangenheitsform** und **nur** mit einer **Vergangenheitsbedeutung** – „Früher ...", „Er pflegte ...". Das ***to*** ist hier **keine Präposition**, sondern Teil des Infinitivs. Es kann also **kein Substantiv** auf das ***to*** folgen.

zu b) ***To be used to*** dagegen kann in **jeder Zeitform** vorkommen. In ***to be used to*** ist das ***to*** am Ende eine ganz normale **Präposition**. Es kann also auch ein Substantiv hinter dem ***to*** stehen.

She is used to good marks.
Sie ist an gute Noten gewöhnt.

She is used to getting good marks.
Sie ist daran gewöhnt, gute Noten zu bekommen.

B10 ***Richtig oder falsch?***

Exercise

Kreuze an, ob die folgenden Sätze richtig oder falsch sind, und korrigiere sie wenn nötig.

	richtig	falsch
1. Peter objects to be told that he ist fat.	☐	☐
2. Mike is used to doing nothing.	☐	☐
3. I had to telling her the truth.	☐	☐
4. John is accustomed to get up early.	☐	☐
5. We used to playing together when we were children.	☐	☐
6. Pam only wanted to ask you a question.	☐	☐
7. I am looking forward to meeting my pen friend.	☐	☐

5. Gerundium nach formelhaften Redewendungen

Das Gerundium steht auch nach bestimmten Redewendungen *(idiomatic expressions)*. Wir haben die wichtigsten in einer Liste zusammengestellt. Um den Gebrauch dieser unterschiedlichen Ausdrücke deutlich zu machen, haben wir jeweils *playing cards* (Karten zu spielen) hinzugefügt.

Wortliste

(to) be busy playing cards	gerade dabei sein, Karten zu spielen; mit Kartenspielen beschäftigt sein
can't help playing cards	sich nicht anders helfen können, als Karten zu spielen; nun mal Karten spielen müssen
can't stand playing cards	Kartenspielen nicht leiden (nicht ausstehen) können
(to) feel like playing cards	Lust haben, Karten zu spielen
It's good (great) fun playing cards.	Es macht (sehr viel) Spaß, Karten zu spielen.
(to) have difficulties playing cards	Schwierigkeiten haben, Karten zu spielen
How/What about playing cards?	Wie wär's mit Kartenspielen?
(to) mind (nur in der Verneinung oder in Fragen, also: *I don't mind playing cards.*)	etwas ausmachen, etwas dagegen haben; Ich habe nichts dagegen, Karten zu spielen.
It's no good playing cards/ It's useless playing cards/ There's no point in playing cards.	Es ist zwecklos (sinnlos), Karten zu spielen; es hat keinen Sinn (Zweck), Karten zu spielen.
It's worthwhile playing cards.	Es lohnt sich, Karten zu spielen; es ist der Mühe wert, Karten zu spielen.

I can't help laughing when I think of that joke.
Ich kann mir nicht helfen. Ich muss einfach lachen, wenn ich an diesen Witz denke.

Exercise

B11 ***Übertrage das folgende Gespräch in direkter Rede ins Englische und schreibe es in dein Heft. Verwende dabei die Ausdrücke, die du gerade gelernt hast.***

Samstag, 19 Uhr. Heather und ihre deutsche Freundin Lisa überlegen, was sie mit dem angebrochenen Abend machen sollen.

Lisa fragt Heather, ob sie Lust hat, ins Kino zu gehen.

Heather antwortet, dass sie nichts dagegen hätte, einen Film zu sehen, dass sie aber Schwierigkeiten haben wird, alles zu verstehen.

Lisa sagt, dass sie das versteht. Sie schlägt vor, in die Disko zu gehen.

Heather sagt, das sei eine gute Idee. Sie findet, dass es großen Spaß macht, die Leute dort zu beobachten.

Lisa stimmt ihr zu. Sie sagt, dass es aber sinnlos sei, zu früh dorthin zu gehen.

Heather meint das auch. Sie sagt, dass sie es nicht leiden kann, in leeren Diskos herumzuhängen.

Lisa schlägt vor, zuerst ein Eis zu essen.

Heather ist einverstanden und sagt, dass sie losgehen können.

Beispiel:

Lisa: *Do you ...?*
Heather: *Well, I don't ...*
Lisa: ...

6. Gerundium nach Präposition anstelle eines Nebensatzes

Das Gerundium nach Präpositionen kann anstelle eines Nebensatzes stehen.

Regel

Die Präpositionen, die am häufigsten zur Verkürzung eines Nebensatzes verwendet werden, sind:

after	nach, nachdem
before	bevor, vor
besides	außer; abgesehen davon, dass
by	indem; wenn; dadurch, dass
in spite of	obwohl, obgleich
instead of	anstatt, statt
on	bei; als
without	ohne

Wortliste

Die deutschen Übersetzungen der Präpositionen geben dir bereits einen Anhaltspunkt, wie man diese Konstruktion am besten ins Deutsche übersetzt.

Sieh dir die beiden Beispielsätze an:

Besides eating too much, he also doesn't take enough exercise.

By taking the other road, I got to Tom's house half an hour earlier.

Exercise B12 ***Wie würdest du diese Sätze ins Deutsche übersetzen?***

....

....

....

....

Welche Konstruktion verwendest du also im Deutschen?

....

Manchmal ist es auch möglich, solche Konstruktionen im Deutschen mit einem Infinitiv wiederzugeben:

Without thinking, he signed the contract.
Ohne nachzudenken, unterschrieb er den Vertrag.

Exercise B13 ***Verkürze die folgenden Sätze oder Satzpaare mit Hilfe einer Präposition + Gerundium. Die jeweilige Präposition geben wir an. Beachte, dass das Subjekt nur im Hauptsatz stehen darf!***

Beispiel:

Before Mr Clark got off the train, he looked for his ticket. (Before ...)
Before getting off the train, Mr Clark looked for his ticket.

1. Although Mr Clark got up too late, he caught the train. (*In spite of ...*)
2. He fell asleep on the train and almost missed his stop. (*After ...*)
3. But before the train arrived at the station, it suddenly stopped, and Mr Clark woke up again. (*But before ...*)
4. He looked through all his pockets, then he finally found his ticket. (*After ...*)
5. He did not think. He quickly got off the train. (*Without ...*)
6. When he reached the office, he noticed that he had left his briefcase on the train. (*On ...*)
7. He could not start work. He had to go and try to find his briefcase instead. (*Instead of ...*)

7. Gerundium mit eigenem Subjekt

Das Gerundium braucht manchmal ein eigenes Subjekt. Was das bedeutet, erfährst du in diesem Abschnitt.
Vergleiche zunächst einmal die deutschen Übersetzungen der folgenden zwei Beispiele. Was fällt dir dabei auf?

Fred insists on making dinner.
Fred besteht darauf, das Essen zu machen.

Fred insists on my making dinner.
Fred besteht darauf, dass ich das Essen mache.

B14 ***Wie viele Subjekte gibt es in den deutschen Sätzen und wie lauten diese?***

Exercise

....

....

Ist das Subjekt eines Satzes nicht auch gleichzeitig Subjekt des Gerundiums (im Deutschen: des Nebensatzes), so muss das Gerundium ein eigenes Subjekt erhalten.

Regel

Wie bildet man das Subjekt des Gerundiums? Es gibt zwei Möglichkeiten:

Die erste Möglichkeit ist der sogenannte **„s-Genitiv"** (z. B. *Tom's, the Smiths', my friend's*) bzw. das Possessivpronomen (*my, your, his, her, our* usw.). Diese Form geht nur bei Personen – nicht bei Sachen.

Immer häufiger wird diese etwas umständliche Form von dem **Objektfall** (*Tom, the Smiths, my friend*) bzw. dem Personalpronomen im Objektfall (*me, you, him, her, us* usw.) verdrängt. Es geht also auch: *Fred insists on me making dinner.*

Does your dad mind you wearing such funny clothes?
Hat dein Vater was dagegen, dass du so komische Kleider trägst?

Sätze dieser Art werden im Deutschen mit einem dass-Satz gebildet.

!

B15 ***Verbinde die passenden Satzhälften miteinander.***

Exercise

1. Tony objects	Bob's coming home late every night.
2. Jane doesn't like	her missing the bus every other morning.
3. Dave is looking forward	your telling me that last week.
4. Her boss doesn't mind	to the school holidays starting next week.
5. I remember	to our smoking a lot of cigarettes.

Exercise

B16 ***Übersetze die folgenden Sätze ins Deutsche.***

1. I dislike his driving so fast.

....

2. I can't imagine her wearing pink and blue stockings.

....

3. Jim relies on John's driving him to work on Mondays.

....

8. Verb + Gerundium oder Infinitiv

Es gibt eine Reihe von Verben, deren Bedeutung davon abhängt, ob sie mit einem Gerundium oder einem Infinitiv verbunden werden. Hier einige der wichtigsten dieser Verben und eine Erklärung der unterschiedlichen Bedeutungen:

Gerundium	Infinitiv
(to) remember, (to) forget	
I remember talking to her last week. Ich erinnere mich daran, mit ihr letzte Woche gesprochen zu haben.	*Fortunately, he remembered to tell her that he had moved.* Zum Glück dachte er daran, ihr zu sagen, dass er umgezogen war.
I'll never forget seeing the Queen when I was eleven. Ich werde nie vergessen, dass ich die Königin gesehen habe, als ich 11 Jahre alt war.	*Don't forget to brush your teeth before you go to bed.* Vergiss nicht, dir die Zähne zu putzen, bevor du ins Bett gehst!

Regel

Das Gerundium bezieht sich bei *remember* und *forget* immer auf etwas Vergangenes.	*Remember* und *forget* mit dem Infinitiv bedeuten „daran denken" bzw. „nicht daran denken".

Gerundium	Infinitiv
(to) try	
If you don't like going to Spain, try going to Italy for a change. Wenn es dir nicht (mehr) gefällt, nach Spanien zu fahren, dann probiere es doch zur Abwechslung mit Italien.	*The teacher tried to explain the grammar to the class.* Der Lehrer versuchte, der Klasse die Grammatik zu erklären.

try + Gerundium entspricht dem Deutschen „es mit etwas versuchen", „(aus)probieren".	*try* + Infinitiv entspricht dem Deutschen „versuchen" (wobei man aber wahrscheinlich auf Schwierigkeiten stößt).

Regel

Gerundium	Infinitiv
(to) mean	
Living on a farm means getting up very early in the morning. Auf einem Bauernhof (zu) leben bedeutet, morgens sehr früh aufzustehen.	*I meant to tell her what you said, but I forgot.* Ich wollte ihr erzählen, was du gesagt hast, aber ich habe es vergessen.

mean + Gerundium entspricht dem Deutschen „bedeuten", „heißen".	*mean* + Infinitiv entspricht dem Deutschen „beabsichtigen", „etwas tun wollen".

Regel

Gerundium	Infinitiv
(to) stop	
He has stopped coming to see us. Er besucht uns nicht mehr.	*He stopped to ask for directions.* Er hielt an, um nach dem Weg zu fragen.

stop + Gerundium entspricht dem Deutschen „aufhören, etwas zu tun".	*stop* + Infinitiv entspricht dem Deutschen „anhalten", „halten", „mit einer Sache aufhören" – um etwas anderes, Neues zu tun.

Regel

Gerundium	Infinitiv
(to) go on	
She went on working although she felt ill. Sie arbeitete weiter, obwohl sie sich unwohl fühlte.	*He went on to say that he had never had a better evening in his life.* Und dann sagte er, dass er noch nie in seinem Leben einen schöneren Abend gehabt habe.

Regel

go on + Gerundium entspricht dem Deutschen „etwas weitermachen“, „weiterhin etwas machen“. Es deutet auf die Fortsetzung einer Handlung hin.	*go on* + Infinitiv deutet auf eine neue Tätigkeit hin. Es entspricht oft dem Deutschen „dann“, „als Nächstes“.

Exercise

B17 ***Gerundium oder Infinitiv? Kreuze die richtige Übersetzung an.***

1. Hör auf, Märchen zu erzählen!
   - ☐ a) Stop telling fairy tales!
   - ☐ b) Stop to tell fairy tales!
2. Ich wollte dich nicht verletzen.
   - ☐ a) I didn’t mean hurting you.
   - ☐ b) I didn’t mean to hurt you.
3. Ich erinnere mich daran, ihn letztes Jahr getroffen zu haben.
   - ☐ a) I remember meeting him last year.
   - ☐ b) I remember to meet him last year.
4. Ich habe versucht, es ihm zu erklären.
   - ☐ a) I tried explaining it to him.
   - ☐ b) I tried to explain it to him.

Abschlusstest

Setze die richtige Verbform (Gerundium oder Infinitiv) und, wenn nötig, die richtige Präposition in die folgenden Sätze ein.

Wo das Gerundium ein eigenes Subjekt erhalten muss, haben wir es in Klammern mit angegeben. Vergiss nicht, dass bei Personen der s-Genitiv möglich ist.

1. I am used to .... *(be told)* that I am lazy.
2. You should be out in the sun instead of .... *(listen)* to CDs in your room!
3. I can't stand .... *(eat)* hamburgers!
4. Parents talk .... *(pass)* exams and nothing else.
5. We were too busy .... *(play)* football to notice that it was raining.
6. Rita stopped .... *(pick up)* the coin that someone had dropped.
7. John saw no reason .... *(not believe)* Susan.
8. Jill is looking forward .... *(go)* to the pictures tonight.
9. She suggested .... *(order)* coffee, as the tea was terrible.
10. Stop .... *(make)* that noise! I can't concentrate .... *(do)* my homework!
11. Veronica is really good .... *(play)* the piano.
12. I love .... *(walk)* in the rain, in spite of the danger .... *(catch)* a cold.
13. I can't help .... *(think)* that it is very unfair.
14. I couldn't prevent her .... *(stay)* out late even if I wanted .... *(do)* so.
15. Miriam really dislikes .... *(wash)* the dishes.
16. There's Tim. He's really famous .... *(get)* into trouble.

17. Would you like .... *(go)* to the party with me tonight?
18. He forgot .... *(tell)* his mother that his father had called.
19. Imagine .... *(be)* in sunny Los Angeles today!
20. He tried .... *(get)* to the top of the mountain, but he didn't succeed .... *(do)* so.
21. Peter certainly doesn't believe .... *(work)* hard.
22. I'll never forget .... *(see)* Bruce Springsteen's concert in Düsseldorf in 2008.
23. Remember .... *(take)* your sandwiches with you!
24. I'm tired .... *(work)*. I think I'll go to bed.
25. I used .... *(be)* good .... *(run)*, but now I'm not keen .... *(train)* on cold winter nights.

Infinitiv
Infinitive

Der **Infinitiv** (die Grundform des Verbs) wird im Englischen entweder **mit** oder **ohne *to*** gebraucht.

I want to go home.
Ich möchte nach Hause gehen.

I must go home.
Ich muss nach Hause gehen.

Zunächst aber eine Übersicht über die Formen des Infinitivs im Englischen.

Es gibt sowohl eine **Aktiv-** als auch eine **Passivform** des Infinitivs.

Aktiv *(active infinitive)*		**Passiv** *(passive infinitive)*	
	Gegenwart		
(to) find	finden	*(to) be found*	gefunden werden
(to) be sitting	(gerade dabei sein, zu) sitzen	keine Entsprechung im Passiv	
	Vergangenheit		
(to) have found	gefunden haben	*(to) have been found*	gefunden worden sein
(to) have been sitting	gesessen zu haben[1]	keine Entsprechung im Passiv	

[1] *das bedeutet so viel wie:* „gerade dabei gewesen zu sein zu sitzen“

1. Der Infinitiv ohne *to*

1.1 Der Infinitiv ohne *to* nach modalen Hilfsverben

Regel

Der Infinitiv ohne *to* steht nach den modalen Hilfsverben *can, may, might, need, shall, should, will, would, must* und nach *do* (als Hilfsverb).

He couldn't stop laughing.
Er konnte nicht aufhören zu lachen (= mit dem Lachen nicht aufhören).

I must lose some weight!
Ich muss abnehmen!

You needn't ask him, he doesn't know.
Du brauchst ihn nicht zu fragen, er weiß es nicht.

Folgende **Ausnahmen** musst du beachten:

!

Den Infinitiv mit ***to*** gibt es bei ***ought to*** (sollte) und ***used to*** (früher ..., pflegte ... zu).

You ought to call Laura up.
Du solltest Laura anrufen.

I used to wear glasses.
Früher trug ich eine Brille.

Außerdem wird der Infinitiv bei den Ersatzformen der modalen Hilfsverben ***(to) be able to, (to) be allowed to, (to) have to*** verwendet.

In der folgenden Übersicht haben wir kurz zusammengefasst, was du über diese Ersatzformen wissen solltest.

Exercise

C1 ***Ergänze die Übersicht.***

Sieh dir die deutsche Übersetzung der Beispielsätze an, wenn du dir nicht sicher bist!

(to) be able to ist eine Ersatzform für ...., und zwar für die Zeitstufen, die das unvollständige Hilfsverb nicht bilden kann. Das sind vor allem das **Present Perfect** und das **Past Perfect**.

I have never been able to play tennis.
Ich habe nie Tennis spielen können.

(to) be allowed to steht für .... Es entspricht dem Deutschen „dürfen" und kommt in allen Zeitstufen vor.

When I was a young girl, I was not allowed to go out with boys.
Als ich ein junges Mädchen war, durfte ich nicht mit Jungen ausgehen.

(to) have to ersetzt ...., vor allem im **Simple Past, Present Perfect, Past Perfect** und im **Conditional**.

I had to wash the dishes last night.
Ich musste gestern Abend abwaschen.

Im **Present Tense** deutet ***have to*** auf einen Zwang hin, der von außen kommt.

I have to do homework every day.
Ich muss jeden Tag Hausaufgaben machen.

C2 ***Verbinde die passenden Satzteile miteinander und setze* to *ein, wenn nötig.***

Exercise

1. When Sarah was a child, she was not allowed	come if you don't want to.
2. I've got toothache. I must	wash it.
3. Shall I	eat too many sweets.
4. My car is very dirty. I ought	go to the dentist's.
5. You needn't	open the window?

1.2 Der Infinitiv ohne *to* nach Ausdrücken wie *I had better* und *let/make*

Der Infinitiv ohne *to* steht auch nach den Ausdrücken:

I had (I'd) better ...	ich ... wohl besser, ich sollte lieber ..., ich täte besser daran zu ...
I would (I'd) rather ...	ich würde/möchte lieber ...
I would (I'd) sooner ...	ich würde/möchte lieber/eher ...
I cannot (can't)/could not (couldn't) (help) but ...	ich kann/konnte nicht umhin ..., ich kann/konnte nur ...

Regel

Diese Ausdrücke können natürlich auch mit allen anderen Personen gebildet werden (***you, they, he, Mary, the Millers*** usw.).

I had better get up.
Jetzt stehe ich wohl besser auf.

She would rather read than watch TV.
Sie möchte lieber lesen als fernsehen.

Peter would sooner walk than take the bus.
Peter würde lieber zu Fuß gehen als mit dem Bus fahren.

You cannot but admire his courage.
Man kann seinen Mut nur bewundern.

I couldn't help but notice that the door was open.
Ich konnte nicht übersehen, dass die Tür offen stand.

Regel

(to) make und *(to) let* (beide bedeuten „lassen") stehen mit dem Infinitiv ohne *to*.

Konstruktion: *(to) make* + Objekt + Infinitiv (ohne *to*)
(to) let + Objekt + Infinitiv (ohne *to*)

make bedeutet in dieser Konstruktion „lassen" im Sinne von „zwingen, dazu bringen, etwas zu tun".
let heißt „lassen" im Sinne von „erlauben, zulassen".[1]

[1] Eine ausführliche Erklärung zum deutschen Verb „lassen" und seinen englischen Entsprechungen findest du in Kapitel D.

He made me carry his suitcases.
Er ließ mich seine Koffer tragen. (= Er zwang mich, seine Koffer zu tragen.)

That song always makes me feel sad.
Dieses Lied macht mich immer traurig.

Let me help you.
Lass mich dir helfen! (= Erlaube mir, dir zu helfen!)

The old man let us pick some apples from his tree.
Der alte Mann ließ uns einige Äpfel von seinem Baum pflücken. (= ... erlaubte uns, ... zu pflücken.)

Exercise

C3 ***Übersetze ins Englische.***

1. Lass mich das bitte machen!

....

2. Er kann dich nicht zwingen, zu Hause zu bleiben.

....

3. Ich würde lieber im Bett bleiben bei diesem Wetter.[1]

....

[1]*bei diesem Wetter:* in weather like this

4. Der Lehrer ließ uns eine Stunde eher nach Hause gehen.

....

5. Mein Freund ließ mich gestern zwei Stunden warten.

....

6. Ich lege jetzt lieber auf[2], meine Mutter kommt!

....

[2]*auflegen:* (to) put the phone down, (to) hang up

1.3 Der Infinitiv ohne *to* nach Verben der Wahrnehmung

Der Infinitiv ohne *to* kann auch nach Verben der Wahrnehmung stehen.

Welche Verben der Wahrnehmung kennst du?

C4 ***Ergänze die Übersicht.***

Exercise

....	sehen	....	betrachten
....	bemerken	....	hören
....	beobachten	....	spüren, fühlen

Wortliste

Es wird die gleiche Konstruktion verwendet wie bei ***(to) let*** und ***(to) make***, nämlich: **Verb + Objekt + Infinitiv ohne *to*.**

I saw her open the gate.
Ich sah, wie sie das Tor öffnete.

I heard him shout "Help!"
Ich hörte ihn „Hilfe!" schreien.

I felt the water grow colder.
Ich fühlte/spürte, wie das Wasser kälter wurde.

Anstelle des Infinitivs kann auch das **Partizip Präsens** *(present participle)* stehen. Das **Partizip Präsens** wird genauso gebildet wie das Gerundium (also ***singing, taking, running*** usw., siehe S. 22ff.).

I heard the birds singing.
Ich hörte die Vögel singen.

I saw her leaving the house.
Ich sah, wie sie (gerade) das Haus verließ.

Es gibt aber einen kleinen **Unterschied in der Bedeutung** zwischen **Infinitiv** und **Partizip Präsens** nach Verben der Wahrnehmung:

Regel

Steht der Infinitiv, so kommt zum Ausdruck, dass der ganze Ablauf eines Geschehens wahrgenommen wird.
Steht das Partizip Präsens, dann kann auch nur ein Teil des Geschehens wahrgenommen werden.

Folgende Beispiele sollen das verdeutlichen:

She saw the boy playing in the garden.
Sie sah den Jungen im Garten spielen.

Weil der Junge längere Zeit im Garten spielt, wird nur ein Teil des Vorgangs wahrgenommen. Also steht das **Partizip Präsens.**

I heard her say that she was bored.
Ich hörte, wie sie sagte, dass sie gelangweilt war.

Weil der Vorgang ziemlich kurz ist, wird er von Anfang bis Ende miterlebt, deshalb der **Infinitiv ohne *to*.**

Bei längeren Vorgängen steht meist das **Partizip Präsens.** Natürlich sind aber manchmal beide Formen möglich.

Schließlich noch **eine Besonderheit** der Verben der Wahrnehmung:

Regel

Im Passiv stehen Verben der Wahrnehmung mit dem Infinitiv mit *to*.
Möglich ist aber auch das Partizip Präsens.

She was heard to say that she was bored.
Man hörte sie sagen, dass sie sich langweile.

He was seen to steal the apple.
Man beobachtete, wie er den Apfel stahl (= Man sah ihn den Apfel stehlen).

Exercise

C5 ***Setze die richtige Verbform ein (Infinitiv mit* to*, Infinitiv ohne* to*, Partizip Präsens).***

1. I watched the old man .... *(stop)* outside the shop, ... *(look)* at the window, then .... *(disappear)* inside.

2. Tom told me he had heard Peter .... *(play)* the guitar.

3. I noticed someone .... *(try)* to break into our neighbours' house.

4. It was so hot that I felt my head .... *(burn)*.

5. I watched the old lady .... *(cross)* the road although lots of cars were coming.

6. I heard my mother .... *(say)* that she had a surprise for us.

7. The policeman said, "I observed the young man .... *(stop)* outside the bank, ... *(pull)* out a mask, then quickly .... *(go)* in."

8. The old lady was heard .... *(say)* that all drivers were crazy.

2. Der Infinitiv mit *to*

2.1 Gebrauch und Unterschied zum Gerundium

Der Infinitiv mit *to* kann Subjekt oder Objekt eines Satzes sein.

To err is human. (Sprichwort)
Irren ist menschlich.

To know you is to love you.
Dich kennen heißt dich lieben.

Wahrscheinlich weißt du bereits, dass auch das **Gerundium Subjekt** oder **Objekt** eines Satzes sein kann.[1] Bei **allgemeinen Aussagen** wie in den eben genannten Beispielen kommt das Gerundium sogar wesentlich häufiger vor als der Infinitiv.

[1]siehe Kapitel B, Seite 24ff.

Seeing is believing. (Sprichwort)
Sehen heißt glauben.
(= Ich glaube nur das, was ich mit eigenen Augen gesehen habe.)

There is nothing nicer than sitting on a lonely beach.
Es gibt nichts Schöneres, als an einem einsamen Strand zu sitzen.

Willst du von einem **bestimmten Fall** reden, dann solltest du den **Infinitiv** verwenden:

To leave your little sister at home wasn't very nice.
Deine kleine Schwester zu Hause zu lassen, war nicht sehr nett.

Regel

Der Infinitiv deutet sehr oft auf etwas Bestimmtes, das Gerundium auf etwas Allgemeines hin.

Das gilt insbesondere für folgende Verben, die sowohl den Infinitiv als auch das Gerundium als Objekt haben können:
(to) like, (to) love, (to) hate, (to) prefer.

Beachte: **Die verneinte Form des Infinitivs mit *to* lautet *not to*.**

It was very unfair of you not to help the poor old lady.
Es war sehr unfair von dir, der armen alten Dame nicht zu helfen.

Exercise

C6 ***Infinitiv oder Gerundium? Setze die richtige Form des in Klammern angegebenen Verbs in die folgenden Sätze ein.***

1. .... *(emigrate)* to Australia at his age was very adventurous.
2. I normally love .... *(sit)* in the sun, but today it's so hot that I'd prefer .... *(stay)* indoors.
3. .... *(watch)* too much TV is bad for your eyes.
4. .... *(play)* tennis is all right, but I prefer .... *(read)* books.

Exercise

C7 ***Kreuze die richtige Übersetzung an. Begründe deine Entscheidung.***

1. Sollen wir heute Abend ins Kino gehen oder möchtest du lieber spazieren gehen?
   - ☐ a) Shall we go to the cinema tonight, or would you prefer to go for a walk?
   - ☐ b) Shall we go to the cinema tonight, or would you prefer going for a walk?

   ....

2. Ich hasse es, Schlange stehen zu müssen.
   - ☐ a) I hate to have to stand in queues.
   - ☐ b) I hate having to stand in queues.

   ....

3. Mit einem Sportwagen durch diese engen Straßen zu rasen, wäre verrückt.
   - ☐ a) To race through those narrow streets in a sports car would be crazy.
   - ☐ b) Racing through those narrow streets in a sports car would be crazy.

   ....

2.2 Der Infinitiv mit *to* nach Adjektiven

Der Infinitiv mit *to* kann wie im Deutschen auch hinter den meisten Adjektiven stehen:

Wouldn't it be wonderful to live in California?
Wäre es nicht wunderbar, in Kalifornien zu wohnen?

He was surprised to meet us at the party.
Er war überrascht, uns auf der Party zu begegnen.

Regel

> Der Infinitiv mit *to* kann ebenso hinter *too* + Adjektiv sowie Adjektiv + *enough* stehen (vgl. deutsch: ..., um zu ...).

I'm too tired to play chess.
Ich bin zu müde, um Schach zu spielen.

You're old enough to look after yourself.
Du bist alt genug, um auf dich selbst aufzupassen.

Exercise **C8** ***Forme die folgenden Sätze um, indem du* too *oder* enough *+ Infinitiv verwendest.***

Beispiel: *It's very hot. I can't work.*
It's too hot to work.

1. I didn't run very fast, so I didn't win the race.

   ....

2. The baby is so young that he can't talk yet.

   ....

3. He plays tennis really well. He could be a professional tennis player.

   ....

   ....

4. Her boyfriend looks so old that he could be her father.

   ....

5. Dad is very busy. He can't play with us now.

   ....

6. Tom is so clever that he wouldn't believe a story like that.

   ....

   ....

2.3 Der Infinitiv mit *to* als Ausdruck des Zwecks/der Absicht

Regel

Der Infinitiv mit *to* (oder seltener *in order to, so as to*) kann zum Ausdruck des Zwecks oder der Absicht verwendet werden.

Die Konstruktion mit ***to*** bzw. ***in order to*** entspricht dem Deutschen **„um ... zu"**.

We went to the market (in order) to get some fresh eggs.
Wir sind zum Markt gegangen, um frische Eier zu bekommen.

When it started raining, we went into a cave (in order) to avoid getting wet.
Als es zu regnen anfing, gingen wir in eine Höhle, um nicht nass zu werden.

Die Konstruktion mit ***so as to*** bedeutet meist **„damit“**.

They got everything ready the night before so as to save *time the next morning.*
Sie bereiteten alles am Vorabend vor, damit sie am nächsten Morgen Zeit sparen konnten.

C9 ***Finde heraus, welche beiden Sätze zusammengehören, und verbinde sie dann mithilfe von* to/in order to/so as to.**

Exercise

1. Before the exchange visit, Lisa and Heather wrote letters to each other.	a) She wanted to thank them.
2. The German and Scottish teachers arranged lots of exciting things.	b) She wanted to ask her how she was.
3. Heather went to Germany.	c) They wanted to get to know each other better.
4. Mrs MacTavish rang up her daughter.	d) They wanted to see the cathedral.
5. Heather and the other pupils went to Cologne.	e) They wanted to make the exchange visit as much fun as possible.
6. After her visit to Germany, Heather wrote a letter to her exchange partner Lisa and her family.	f) She wanted to improve her German.

Beispiel:
Satz 1 und c) gehören zusammen: *Before the exchange visit, Lisa and Heather wrote letters to each other in order to get to know each other better.*

2.4 Der Infinitiv mit *to* zur Verkürzung von Relativsätzen

Der Infinitiv mit *to* wird zur Verkürzung von Relativsätzen *(relative clauses)* verwendet.

Regel

Anstelle von **Relativsätzen**, die ein **Sollen** oder ein **Können** ausdrücken, bevorzugt man im Englischen die kürzere Konstruktion mit dem **Infinitiv**.

Sie dir den folgenden Satz an:

The man to talk to is Mr Smith.

Exercise C10 ***Wie würdest du diesen Satz ins Deutsche übersetzen?***

....

Welche Konstruktion wird im Deutschen verwendet, um den blau hervorgehobenen Teil zu übersetzen?

....

Im Deutschen ist eine Infinitivkonstruktion hier **nicht** möglich.

!

Die **Verkürzung mit dem Infinitiv** wird aber im Englischen häufig verwendet:

nach Substantiven:

The place where we should be is Majorca.
The place to be is Majorca.
Der Ort, wo man jetzt sein müsste, ist Mallorca.

There is a lady here who wants to see you.
There is a lady here to see you.
Eine Dame möchte Sie sprechen.

nach Pronomen:

There was nobody there (that/who/whom) I could ask.
There was nobody there to ask.
Es war niemand da, den ich hätte fragen können.

I want something that I can eat.
I want something to eat.
Ich möchte etwas zu essen haben.

nach Ordinalzahlen + only, next* und *last:

The first man who reached the top of Mount Everest was Hillary.
The first man to reach the top of Mount Everest was Hillary.
Der erste Mann, der den Gipfel des Mount Everest erreichte, war Hillary.

The last person who saw the girl was Mr Higgins.
The last person to see the girl was Mr Higgins.
Der letzte Mensch, der das Mädchen gesehen hat, war Mr. Higgins.

Beachte, dass diese Wörter (außer *only*) auch **ohne Substantiv** oder das Stützwort *one/ones* stehen können:

He was the first who arrived and the last who left.
He was the first to arrive and the last to leave.
Er kam als Erster und ging als Letzter.

nach einem Superlativ:

The longest sausage which was ever made was 3,000 metres long.
The longest sausage ever to be made was 3,000 metres long.
(Achtung: passiver Sinn, passiver Infinitiv!)
Die längste Wurst, die je gemacht wurde, war 3000 Meter lang.

The best thing you can do is to stay at home and rest.
The best thing to do is to stay at home and rest.
Das Beste, was du tun kannst, ist zu Hause zu bleiben und dich auszuruhen.

Beachte auch: Die **verneinte Form** dieser Verkürzung mit dem Infinitiv lautet ***not to* + Verb**:

John was the only person not to bring a present.

Exercise

C11 ***Welchen englischen und deutschen Relativsatz verkürzt diese Konstruktion?***

....

....

Regel

Der Infinitiv mit *to* verkürzt auch Relativsätze mit Präposition (z. B. *in which, from which* usw.). Die Präposition steht im Infinitivsatz meist am Ende.

I've got no money with which I can buy a ticket.
I've got no money to buy a ticket with.
Ich habe kein Geld, um mir eine Fahrkarte zu kaufen.

I'll give you a plastic bag in which you can put the books.
I'll give you a plastic bag to put the books in.
Ich werde dir eine Plastiktüte geben, in die du die Bücher hineintun kannst.

Exercise C12 ***Verkürze die folgenden Sätze mithilfe des Infinitivs.***

1. The man you should vote for is Mr Booth.

   ....

2. My little girl needs somebody with whom she can play.

   ....

3. Jack was the only runner who did not finish the race.

   ....

4. Have you got a piece of paper on which you can write your phone number?

   ....

   ....

5. The highest skyscraper in the USA can be found in Chicago.

   ....

   ....

6. I am looking for somebody who will do my work for me.

   ....

   ....

7. I want to be the first person who congratulates you on your birthday.

   ....

   ....

8. One of the most difficult languages that you can learn is Chinese.

   ....

   ....

2.5 Der Infinitiv mit *to* nach Fragewörtern

Der Infinitiv mit *to* steht nach den Fragewörtern *who, what, which, where, when, how* und nach *whether* zur Verkürzung von Nebensätzen.

Regel

Es sind meist **indirekte Fragesätze**, die so durch eine Infinitivkonstruktion verkürzt werden, denn indirekte Fragesätze mit modalen Hilfsverben (*can, could, should, might* usw.) werden als unelegant empfunden.

I asked him how I could get to the post office.
I asked him how to get to the post office.
Ich fragte ihn, wie ich zur Post komme.

Im Deutschen steht fast immer ein Nebensatz.

I don't know whether I should go to the party or not.
I don't know whether to go to the party or not.
Ich weiß nicht, ob ich auf die Party gehen soll oder nicht.

I'm not sure which suit I should wear to the wedding.
I'm not sure which suit to wear to the wedding.
Ich bin mir nicht sicher, welchen Anzug ich zur Hochzeit anziehen soll.

Bei den Verben *(to) learn* und *(to) teach* kann das Fragewort *how* wegfallen.

!

My sister taught me (how) to skate.
Meine Schwester brachte mir das Schlittschuhlaufen bei.

I am learning (how) to drive.
Ich mache gerade den Führerschein.

Aber bei den Verben *(to) tell* und *(to) forget* muss das Fragewort *how* mit dem Infinitiv stehen, wenn im Deutschen ein „wie" steht.

Vergleiche den Sinn der folgenden beiden Sätze:

I forgot how to turn off the washing machine.
I forgot to turn off the washing machine.

Exercise

C13 ***Welchen Bedeutungsunterschied stellst du fest? Übersetze die beiden Sätze ins Deutsche.***

....

....

Regel

Bei den Verben *(to) know*, *(to) understand* und *(to) show* muss immer das Fragewort *how* stehen.

He showed me how to eat spaghetti.
Er zeigte mir, wie man Spaghetti isst.

Im Deutschen wird teilweise ohne „wie“ übersetzt.

He understands (knows) how to impress his boss.
Er versteht es, seinem Chef zu imponieren (kein „wie“!).

Exercise

C14 ***Bringe die Satzteile in die richtige Reihenfolge.***

1. don't/I/invite/who/know/to

....

2. which/I'm/put/sure/dress/to/on/not

....

3. you/this/how/window/to/Do/open/know

....

4. tell/where/me/put/the/Please/to/cupboard

....

Exercise

C15 ***Übersetze ins Englische.***

1. Tom wusste nicht, was er machen sollte.

....

2. Kannst du mir sagen, wann ich da sein soll?

....

3. Er brachte seiner kleinen Schwester das Fußballspielen bei.

....

....

4. Ich hatte vergessen, die Karten mitzunehmen.

....

5. Ich habe keine Ahnung, wie ich nach Hause kommen[1] soll.

....

....

[1] (to) get

2.6 Verb + Objekt + Infinitiv

Wir kommen nun zu einem sehr wichtigen Abschnitt dieses Kapitels.

Wie dir bekannt ist, steht der **Infinitiv mit *to*** nach einer Vielzahl von Verben mit unterschiedlichster Bedeutung.

Hier sind einige Beispielsätze:

David wants to go shopping.
David will einkaufen gehen.

Peter tried to lift the heavy suitcases.
Peter versuchte, die schweren Koffer hochzuheben.

We hope to arrive in Munich by Friday.
Wir hoffen, bis Freitag in München anzukommen.

I expect to be home before midnight.
Ich erwarte, dass ich vor Mitternacht zu Hause bin.

In diesen Sätzen drückt der Infinitiv immer **eine Tätigkeit** aus, **die vom Subjekt des Satzes ausgeübt wird**. Im ersten Beispiel ist es David, der einkaufen gehen will.

Sieh dir aber den folgenden Satz an:

David wants Susan to go shopping.

C16 ***Beantworte die Fragen.*** Exercise

1. Wer soll in diesem Satz einkaufen gehen? ....
2. Wie würdest du den Satz ins Deutsche übersetzen?

....

3. Welche Konstruktion verwendest du also im Deutschen?

....

Im Englischen verwendet man die Konstruktion **Verb + Objekt + Infinitiv**. Der Infinitiv drückt hier **eine Tätigkeit** aus, **die vom Objekt des Satzes ausgeübt wird** (oder werden soll): Susan soll einkaufen gehen, nicht David.

Die Konstruktion ist dir in diesem Kapitel schon einmal begegnet, und zwar im Abschnitt 1.3 „Der Infinitiv ohne *to* nach Verben der Wahrnehmung".[1]

I heard	*him*	*cough.*
Verb	Objekt	Infinitiv (ohne *to*)
Ich hörte	ihn	husten.

[1] siehe Seite 47ff.

Es gibt hier aber einen sehr wichtigen Unterschied: Während es beim **Infinitiv ohne *to*** eine entsprechende Konstruktion im Deutschen gibt (ich hörte ihn husten), findet man im Deutschen für **Verb + Objekt + Infinitiv mit *to*** meist einen Nebensatz mit **dass**:

I expect you to be home before midnight.
Ich erwarte, **dass** du vor Mitternacht zu Hause bist.

My brother wanted me to help him with his homework.
Mein Bruder wollte, **dass** ich ihm bei seinen Hausaufgaben helfe.

Diese Konstruktion kann nur bei bestimmten Verben im Englischen auftreten. Die Verben lassen sich in die drei folgenden Sinngruppen einteilen:

1. Verben des Wünschens, Wollens und Mögens

Wortliste

Die Konstruktion Verb + Objekt + Infinitiv mit *to* kann bei folgenden Verben des Wünschens, Wollens und Mögens stehen:

(to) want – wollen
(to) wish – wünschen
(to) like – mögen
(to) hate – nicht mögen
(to) prefer – vorziehen

She wants me to go and see her tomorrow.
Sie will, **dass** ich sie morgen besuche.

I'd like Patrick to win the race.
Ich möchte, **dass** Patrick das Rennen gewinnt.

I'd hate them to think that we were nosey.
Ich möchte nicht, **dass** sie glauben, dass wir neugierig sind.

Wie du bei den Übersetzungen feststellen kannst, kann man bei diesen Verben im Deutschen **nur einen Nebensatz mit „dass"** bilden. Insbesondere bei ***(to) want*** versuchen viele Deutsche deswegen einen „***that***-Satz" im Englischen zu bilden. Merke dir aber:

!

Nach *(to) want* steht immer der Infinitiv mit *to* und nie ein „*that*-Satz".

Einige Tipps zum Lernen von Vokabeln und Wortlisten findest du übrigens auf S. 26.

2. Verben des Veranlassens, Befehlens, Bittens und Zulassens

Die Konstruktion Verb + Objekt + Infinitiv mit *to* kann bei folgenden Verben des Veranlassens, Befehlens, Bittens und Zulassens stehen:

(to) advise – raten
(to) ask – bitten
(to) cause – veranlassen
(to) expect – erwarten, verlangen
(to) force – zwingen
(to) get – veranlassen
(to) order – befehlen, veranlassen
(to) tell – raten, befehlen, sagen
(to) warn – warnen, dringend raten
(to) allow – erlauben, lassen
(to) permit – erlauben

Wortliste

He forced me to tell him where the money was.
Er zwang mich, ihm zu sagen, wo das Geld war.

He expected me to wash his dirty socks.
Er erwartete, dass ich seine schmutzigen Socken wasche.

I didn't ask you to tell the whole story.
Ich habe dich nicht gebeten, die ganze Geschichte zu erzählen.

Mrs Jones told the boys to lay the table.
Mrs. Jones ließ die Jungen den Tisch decken.

I warned you not to go near the fire.
Ich habe dich davor gewarnt, nahe an das Feuer zu gehen.

Beachte, dass *(to) warn* fast immer mit *not* + Infinitiv verbunden wird!

3. Verben des Sagens und Denkens

Die Konstruktion Verb + Objekt + Infinitiv mit *to* kann bei folgenden Verben des Sagens und Denkens stehen:

(to) believe – glauben, halten ... für
(to) consider – halten ... für
(to) recommend – empfehlen
(to) think – glauben, halten ... für
(to) know – wissen, kennen ... als, erleben ... dass

Wortliste

I consider him to be a genius.
Ich halte ihn für ein Genie.

I've never known him to be so happy.
Ich habe nie erlebt, dass er so glücklich war.

Allerdings findet man bei diesen Verben **anstelle des Infinitivs** häufig auch einen **Nebensatz**.

Es heißt z. B. eher:
I know that he's at home.

als:
I know him to be at home.
Ich weiß, dass er zu Hause ist.

Beachte die folgende Ausnahme:

Regel

Nach den Verben *(to) say* (sagen), *(to) hope* (hoffen), *(to) answer* (antworten) und *(to) reply* (antworten) ist die Konstruktion mit Objekt + Infinitiv **nicht** möglich! Es steht immer ein Nebensatz.

I hope (that) you are better now.
Ich hoffe, es geht dir jetzt besser.

He said (that) his mother was ill.
Er sagte, dass seine Mutter krank sei.

Exercise

C17 ***Vervollständige die Übersetzungen.***

1. Ich riet ihm, zu Hause zu bleiben.
   I advised .... at home.
2. Unser Lehrer hält Robin für sehr intelligent.
   Our teacher considers .... very intelligent.
3. Ich hoffe, du bist mir nicht böse.
   I hope .... angry at me.
4. Ich habe noch nie erlebt, dass Wendy so früh aufsteht.
   I've never known .... so early.
5. Mein Chef erwartete, dass ich am Samstag arbeite.
   My boss expected .... on Saturday.
6. Meine Mutter erlaubt uns nicht, allein ins Kino zu gehen.
   My mother doesn't allow .... to the cinema on our own.

7. Ich möchte, dass du den Brief heute schreibst.

   I want .... the letter today.

8. Ich habe ihr empfohlen, zur Polizei zu gehen.

   I recommended .... to the police.

Verwendung im Passiv

Die meisten Verben, bei denen die Konstruktion **Verb + Objekt + Infinitiv** möglich ist, können ein **Passiv** bilden.

Aktiv	Passiv
They told me to wait here for Mr Liddle.	I was told to wait here for Mr Liddle.
They expect the weather to get better.	The weather is expected to get better.

Man verwendet die Passivsätze beispielsweise, wenn der/die Handelnde(n), also das Subjekt des Aktivsatzes, nicht erwähnenswert oder unbekannt ist.

C18 ***Sieh dir die Beispielsätze oben an und erkläre, wie man aus dem Aktivsatz einen Passivsatz bildet.*** Exercise

....

....

Welcher Teil des Satzes bleibt auch im Passiv unverändert?

....

Im Deutschen werden in diesen Fällen oft Aktivsätze mit „man" verwendet, obwohl auch einige deutsche Verben im Passiv stehen können.

Man sagte mir (= mir wurde gesagt), ich solle hier auf Mr. Liddle warten.
Es wird erwartet (= **man** erwartet), dass das Wetter besser wird.

Beachte: Auch ***(to) say*** kann in dieser Konstruktion vorkommen. !

He is said to have been a good boxer when he was young.
Man sagt, er sei in seiner Jugend ein guter Boxer gewesen.

Exercise **C19** ***Forme die folgenden Sätze ins Passiv um.***

Beispiel:
Aktiv: *I don't allow the boys to play in the garden.*
Passiv: *The boys aren't allowed to play in the garden.*

1. They forced us to leave our hotel room in the middle of the night.

....

....

2. They ordered the man to show his passport.

....

3. People always thought that he was very rich.

....

4. The doctor advised my father to give up smoking.

....

5. People say he has a house in the South of France.

....

Exercise **C20** ***Richtig oder falsch?***

Kreuze an, ob die folgenden Sätze richtig oder falsch sind, und korrigiere sie wenn nötig.

	richtig	falsch
1. He was asked to leave the room.	☐	☐
....		
2. He was warned not to sit in the sun too long.	☐	☐
....		
3. We were told leave our bags here.	☐	☐
....		
4. I was expected looking after the two children.	☐	☐
....		
5. He advised not to come by car.	☐	☐
....		

2.7 *for* + Objekt + Infinitiv

Der Infinitiv mit *to* steht häufig nach *for* + Nomen oder Pronomen.

It is important for Peter to get the job.
Es ist wichtig für Peter, dass er die Stelle bekommt.

Here is a pen for you to write with.
Da hast du einen Kugelschreiber, mit dem du schreiben kannst.

It is natural for children to play with toys.
Es ist natürlich für Kinder, mit Spielsachen zu spielen.

It's time for us to go.
Es ist Zeit, dass wir gehen.

So kann man im Englischen anstelle eines umständlichen Nebensatzes, wie er im Deutschen oft stehen muss, die flüssigere Infinitivkonstruktion benutzen.

Folgende drei Verben, die eng mit einer Präposition verbunden werden, können ebenfalls mit dieser Konstruktion verwendet werden:
(to) ask for (bitten um), *(to) look for* (suchen nach) und *(to) wait for* (warten auf).

I waited for Anne to arrive.
Ich wartete darauf, dass Anne kam.

John asked for his bike to be repaired.
John bat darum, dass sein Fahrrad repariert würde.

Susan looked for somewhere to sit down.
Susan suchte nach einer Möglichkeit, sich hinzusetzen.

C21 ***Forme die Sätze um und verwende dabei*** **for** ***+ Objekt + Infinitiv.*** **Exercise**

Beispiel: *This problem is too difficult. I can't solve it.*
This problem is too difficult for me to solve.

1. Tom and Jenny were waiting. The concert was about to begin.

....

2. The water was too hot. I couldn't touch it.

....

3. Peter was looking for some matches. He wanted to light the fire with them.

....

....

Wortliste

Schließlich noch einige Redewendungen, die du auswendig lernen solltest:

I happened to see her.	Ich habe sie zufällig gesehen.
I am likely to see her.	Ich sehe sie wahrscheinlich.
I am sure (certain) to see her.	Ich sehe sie sicher (bestimmt).
I am bound to see her.	Ich sehe sie bestimmt.
To be quite frank, ...	Um ganz offen zu sein, ...
To be quite honest, ...	Um ganz ehrlich zu sein, ...
To begin with, ...	Zunächst einmal .../Erstens einmal ...
To sum up, ...	Zusammenfassend ...

3. Der Infinitiv im Passiv

*Zur Bildungsweise des Passivs siehe Kapitel G, S. 122 ff.

Wie zu Anfang dieses Kapitels bereits erwähnt, gibt es im Englischen den **Infinitiv im Passiv***: ***to be found*** = **gefunden werden**. Sieh dir die beiden folgenden Sätze an:

I'd like to drive to work today.
I'd like to be driven to work today.

Exercise

C22 ***Kannst du den Bedeutungsunterschied erklären? Welcher der beiden Sätze steht im Passiv?***

....

....

....

Der **Infinitiv Passiv** kommt allerdings im Englischen viel häufiger vor als die entsprechende Form im Deutschen, weil sich das Englische wesentlich genauer an den eigentlichen Sinn hält.

Regel

Ist der Sinn, die eigentliche Bedeutung, passiv, steht der Infinitiv im Englischen fast immer im Passiv; im Deutschen dagegen oft nicht.

* Zur Bildungsweise des Passivs siehe Kapitel G, S. 122ff.

Deshalb gibt es für Deutsche manchmal Schwierigkeiten, ein Passiv überhaupt zu erkennen. Was **passiver Sinn** überhaupt heißt, lässt sich am besten anhand eines Beispiels erklären. Nehmen wir den deutschen Satz:

Es war nichts zu sehen.

Dieser Satz bedeutet eigentlich: „Es konnte nichts gesehen werden." Hier ist also **passiver Sinn** vorhanden – „gesehen werden" –, doch wird das im Deutschen durch einen **Infinitiv Aktiv** ausgedrückt: „zu sehen". Im Englischen aber **muss** der Infinitiv im Passiv stehen.

C23 ***Wie muss der Satz also lauten?*** Exercise

There was ....

> Insbesondere nach den Verben *(to) be* und *(to) remain* folgt im Englischen der Infinitiv Passiv, im Deutschen dagegen der Infinitiv Aktiv.

Regel

Es bleibt noch viel zu tun.

Das bedeutet eigentlich: „Es bleibt noch viel, was getan werden muss." Also wieder **passiver Sinn**. Die Übersetzung lautet deshalb:

Much (A lot) remains to be done.

> Wenn du es schwer findest zu entscheiden, ob der Sinn eines deutschen Infinitivs aktiv oder passiv ist, solltest du so verfahren wie wir in den Beispielen, nämlich den Satz bereits im Deutschen umformulieren. Kannst du eine Passivform bilden, verwende den Infinitiv Passiv im Englischen.

Tipp

C24 ***Aktiver oder passiver Sinn? Kreuze an und vervollständige dann die Übersetzung.*** Exercise

1. Es war nichts zu hören.

   ☐ aktiver Sinn ☐ passiver Sinn

   There was nothing ....

2. Die Königin ist oft mit ihren Hunden zu sehen.

   ☐ aktiver Sinn ☐ passiver Sinn

   The Queen is often .... with her dogs.

3. Es ist nett, dich wiederzusehen.

☐ aktiver Sinn ☐ passiver Sinn

It's nice .... you again.

4. Wenn es etwas zu tun gibt, ist mein Bruder nirgends zu finden.

☐ aktiver Sinn ☐ passiver Sinn

When there's something to be done, my brother is nowhere

....

Abschlusstest

a) Nicht nur in Deutschland, sondern auch in Großbritannien gibt es Probleme mit dem Umweltschutz.

Setze beim folgenden Zeitungsbericht den Infinitiv mit oder ohne* to *ein.

It was announced last night that Government plans .... *(build)* a new motorway through one of the most picturesque[1] parts of rural England will meet with strong opposition from environmentalists[2], who are demanding that an enquiry[3] should .... *(be)* set up to discuss the dangers the motorway would pose[4] to wildlife in the surrounding areas.

"The Government ought .... *(act)* immediately .... *(put)* a stop to this nonsense," a spokesman for the conservationists[5] said last night. "We simply cannot .... *(go on)* trying .... *(make)* nature .... *(do)* what we want her .... *(do)*.

We must .... *(realize)* that nature is our most precious[6] gift! We want future generations .... *(be able)* .... *(enjoy)* the countryside, too."

The environmentalists intend .... *(present)* a petition[7] to the Prime Minister in Downing Street tomorrow. The Government fears that it will be forced .... *(abandon)*[8] its plans because opposition to the motorway is growing. Supporters of the motorway, on the other hand, insist that the Government should not

[1]landschaftlich schön
[2]Umweltschützer
[3]Untersuchung
[4]darstellen
[5]Sprecher des Bundes Naturschutz
[6]wertvoll
[7]Unterschriftensammlung
[8]aufgeben

.... *(allow)* pressure groups[9]

.... *(influence)* its decisions.

[9] Interessenverbände

b) Gerundium oder Infinitiv? Setze die richtige Form des Verbs ein, das in den Klammern steht.

1. I want you .... *(finish off)* this exercise for homework.
2. I just can't get warm. – Have you tried .... *(take)* a hot bath?
3. They warned us .... *(not be)* late for dinner.
4. I can't get used to .... *(wear)* these new glasses.
5. I didn't expect .... *(meet)* you here!
6. I'm looking forward to .... *(see)* our brand-new car.
7. How long do you intend .... *(stay)* here?
8. John suggested .... *(go)* for a walk, but I said that I was too tired .... *(go)* with him.
9. I hope .... *(see)* you again soon.
10. I'd love .... *(come)* with you to the party, but I've got far too much work .... *(do)*.

Das Verb „lassen“
The German verb “lassen”

1. Lassen = *(to) let* oder *(to) leave*?

[1]*(to) let* ist ein unregelmäßiges Verb: *to let, let, let*; [2]auch *(to) leave* ist unregelmäßig: *to leave, left, left*

Es wird dir sicher auch schon so gegangen sein, dass du *(to) let*[1] und *(to) leave*[2] verwechselt hast. Das muss eigentlich nicht sein, denn der Unterschied lässt sich fast immer klar erkennen.

Schau dir die folgenden Sätze an:

(to) let	*(to) leave*
Let your sister go to the cinema with you. Lass doch deine Schwester auch mit ins Kino gehen! (= Erlaube ihr, ... mitzugehen.)	*They left the window open.* Sie haben das Fenster offen gelassen. (= so, wie es war)
Friends of my parents let us use their holiday chalet in Switzerland every year. Freunde meiner Eltern lassen uns jedes Jahr ihr Ferienhaus in der Schweiz benützen. (= erlauben uns, ... zu benützen.)	*I left my homework at home.* Ich habe meine Hausaufgaben zu Hause gelassen. (= zurückgelassen, wo sie waren)

Exercise

D1 ***Ergänze nun die folgende Regel.***

Regel

.... bedeutet „lassen“ im Sinne von „erlauben; zulassen“.

.... bedeutet „lassen“ im Sinne von „zurücklassen; (etwas) so lassen, wie oder wo es ist bzw. war“.

Bei Sätzen mit *let* wird folgende Konstruktion verwendet:

(to) let + ... + ... ohne *to*.

Daneben gibt es bei *(to) leave* die folgende Konstruktion:

(to) leave (+ Objekt) + Partizip Präsens (*ing*-Form).

He always leaves his books lying around.
Er lässt seine Bücher immer herumliegen.

Im Passiv kommt die Konstruktion besonders häufig vor:

The dog was left sitting outside in the rain.
Man ließ den Hund draußen im Regen sitzen.

D2 **(to) let *oder* (to) leave? *Setze das richtige englische Verb ein. Achte dabei aber auch auf die Zeit, und denke daran, dass beide unregelmäßige Verben sind.*** **Exercise**

1. .... me have a look!

2. Where did you .... the CDs? – I .... them lying on the table.

3. .... me alone!

4. Does your sister .... you use her make-up?

5. .... the door open – it's far too hot in here.

6. My mum .... me try out her new car last night – it was super.

7. Brian broke his arm yesterday, but he says he doesn't .... little things like that worry him.

8. We were .... standing outside while Emma made a long phone call.

2. Lassen = erlauben oder veranlassen?

„Lassen“ im Sinne von **„erlauben; zulassen“** wird oft mit **„lassen“** im Sinne von **„zwingen; veranlassen; dazu bringen“** verwechselt.

Für die erste Bedeutung musst du dir Folgendes merken:

Bei „lassen“ im Sinne von „erlauben; zulassen“ gibt es drei mögliche englische Übersetzungen: *let*, *allow* und *permit.*

Philip let me use his CD player when mine was broken.
Philip ließ mich seinen CD-Spieler benützen, als meiner kaputt war. (= erlaubte mir, ... zu benützen)

My dad doesn't allow me to play with his computer.
Mein Vater lässt mich nicht mit seinem Computer spielen. (= erlaubt mir nicht, ... zu spielen)

Permit me to help you.
Lassen Sie mich Ihnen helfen. (= Gestatten Sie, dass ich ... helfe)

Exercise

D3 *Beantworte die Frage und ergänze dann die Regel.*

Wodurch unterscheiden sich die Konstruktionen mit *allow* und *permit* von der Konstruktion mit *let*?

....

....

Regel

Die englischen Konstruktionen für „lassen“ im Sinne von „erlauben; zulassen“ werden folgendermaßen gebildet:

(to) let + Objekt + ...

(to) allow + Objekt + ...

(to) permit + Objekt + ...

(to) let und *(to) allow* sind die Wörter, die du üblicherweise verwenden solltest. *(to) permit* dagegen ist sehr formell und entspricht eher „gestatten“ als „lassen“; es kommt als Übersetzung von „lassen“ nicht so häufig vor.

!

Im Passiv ist *(to) let* nicht möglich. Man nimmt *(to) allow* oder (seltener) *(to) permit*. Beachte, dass das englische Passiv im Deutschen oft mit „man“ ausgedrückt wird.

We were not allowed (permitted) to play in the garden.
Man ließ uns nicht im Garten spielen. (Wir durften nicht im Garten spielen.)

Tipp

Am besten nimmst du *(to) let* im Aktiv und *(to) allow* im Passiv.

D4 *Richtig oder falsch?*

Exercise

Kreuze an, ob die folgenden Sätze richtig oder falsch sind, und korrigiere sie wenn nötig.

	richtig	falsch
1. Our dog doesn't let any strangers into the flat.	☐	☐
2. On the class outing the pupils were allowed play cards till midnight.	☐	☐
3. Our neighbour sometimes allows us to use his swimming pool.	☐	☐
4. My sister never lets me to read her books.	☐	☐
5. We were not let to play in the park.	☐	☐

Und nun zur zweiten Bedeutung von **„lassen“**:

Regel

Bei „lassen“ im Sinne von „(jemanden) dazu bringen, etwas zu tun; zwingen; veranlassen“ gibt es im Englischen ebenfalls drei Möglichkeiten:

a) *(to) have* + Objekt + Infinitiv ohne *to*
b) *(to) make* + Objekt + Infinitiv ohne *to*
c) *(to) force* + Objekt + Infinitiv mit *to*

a) ***(to) have someone do something*** ist ziemlich neutral – „jemanden etwas machen lassen“; es wird meist mit *will ('ll)* oder *would* verbunden. Häufig besteht ein Rangunterschied zwischen dem, der etwas machen lässt, und dem, der es ausführt.

I will (I'll) have the porter fetch your luggage.
Ich werde den Boy Ihr Gepäck holen lassen.

b) ***(to) make someone do something*** ist stärker als *(to) have someone do something*, es wird etwas Druck ausgeübt.

My brother makes his girlfriend do his homework for him.
Mein Bruder lässt sich die Hausaufgaben von seiner Freundin machen.

c) ***(to) force someone to do something*** ist noch stärker – „jemanden zwingen, etwas zu machen“.

They forced us to eat raw onions.
Sie ließen uns rohe Zwiebeln essen.
(Man zwang uns, rohe Zwiebeln zu essen.)

Tipp

Am besten nimmst du *(to) make*, wenn ein Druck oder leichter Zwang ausgeübt wird, und *(to) have*, wenn kein Druck vorhanden ist.

!

Im Passiv gibt es allerdings nur zwei Möglichkeiten (*to have* fällt weg):
(to) be made to ...
(to) be forced to ...
Im Passiv wird *(to) make* also mit dem Infinitiv mit *to* verbunden!

We were made to walk the whole way.
Man ließ uns die ganze Strecke zu Fuß gehen. (= Wir mussten die ganze Strecke zu Fuß gehen.)

Exercise

D5 Vervollständige die Übersetzungen.

In den Sätzen, in denen die Bedeutung von „lassen“ auf den ersten Blick nicht ganz eindeutig ist, haben wir eine Übersetzungshilfe in Klammern angegeben.

1. Meine Mutter lässt mich meine schmutzigen Socken selbst waschen. *(... verlangt, dass ...)*

   My mother .... my own dirty socks.
2. Ich lasse meine Sekretärin den Brief schnell abtippen.

   I'll .... the letter quickly.
3. Beim Sport heute ließ man uns 10 Kilometer laufen. *(... mussten wir ...)*

   At sports today .... 10 kilometres.
4. Seine Eltern lassen ihn jeden Tag das Geschirr abwaschen. Er hasst es!

   His parents .... the washing-up every day. He hates it!

3. Lassen = andere etwas machen lassen

Es geht weiter mit einer anderen Bedeutung von „lassen“.

Regel

„(Andere) etwas machen/erledigen lassen“ drückt man im Englischen so aus:
(to) have something done
(to) get something done

Statt *done* kann natürlich auch die entsprechende Form jedes anderen englischen Verbs stehen.

He had his sick dog put down.
Er ließ seinen kranken Hund einschläfern.

I'll have to have/get the car washed soon.
Ich muss das Auto bald waschen lassen.

Exercise

D6 ***Worum handelt es sich bei den Formen* done, put *und* washed?**

....

Exercise

D7 ***Kreuze die richtige Verbform an und schreibe sie in die Lücke.***

1. We are having new windows .... in.
   ☐ a) put ☐ b) putting ☐ c) pat
2. He had his car .... last week.
   ☐ a) repair ☐ b) repaired ☐ c) repairing
3. Sue had to go to the dentist to have a tooth .... out.
   ☐ a) took ☐ b) take ☐ c) taken
4. I'm having a copy of the letter .... to you.
   ☐ a) sent ☐ b) send ☐ c) sending
5. She had her hair .... yesterday.
   ☐ a) doing ☐ b) do ☐ c) done

Die Konstruktion *(to) have something done* kannst du immer verwenden, die mit *(to) get something done* ist eher Umgangssprache.

Oft wird *for me, you, him, her* usw. hinzugefügt, und zwar meist, wenn man etwas machen lässt, was man normalerweise selbst machen würde oder könnte.

!

Immer dann, wenn man im Deutschen hinzufügen könnte „weil er (sie usw.) so faul bzw. bequem ist“, muss man im Englischen *for him* (*her* usw.) ergänzen.

The rich people here even have their cars put in the garage for them every night.
Die reichen Leute hier lassen sogar ihre Autos jeden Abend in die Garage bringen (weil sie so bequem sind).

Exercise

D8 ***Bringe die Satzteile in die richtige Reihenfolge.***

My brother is what I call lazy:

1. He/his/laces/for/has/tied/him

....

2. for/fingernails/He/his/cut/has/him

....

3. him/hair/washed/his/for/He/has

....

4. even/He/teeth/has/for/his/brushed/him

....

Exercise

D9 ***Was kann man hier machen lassen? Bilde Sätze nach dem folgenden Muster und übersetze sie dann ins Deutsche.***

doctor's: blood pressure, take – You can have your blood pressure taken at the doctor's. – *Beim Doktor kann man den Blutdruck messen lassen.*

1. dentist's: tooth, fill

....

....

2. hairdresser's: hair, cut

....

....

3. optician’s: eyes, test

....

....

4. travel agent’s: holiday, book

....

....

D10 ***Was lässt Helga ihren Mann Hägar alles machen?*** **Exercise**

Beginne die Sätze mit der englischen Entsprechung von „Helga lässt Hägar …“. Verwende möglichst viele verschiedene Verben, die „lassen“ ausdrücken.

Zum Abschluss fassen wir die wichtigsten Entsprechungen von „lassen“ in einer Tabelle zusammen:

lassen	
Was drückt „lassen“ aus?	englische Entsprechung
zulassen, erlauben	*(to) let* + Objekt + Infinitiv ohne *to*
zurücklassen; so lassen, wie oder wo es ist	*(to) leave*
veranlassen, zwingen	*(to) have* + Objekt + Infinitiv ohne *to* (kein Zwang) *(to) make* + Objekt + Infinitiv ohne *to* (Druck, Zwang)
(von anderen) etwas machen lassen	*(to) have something done* *(to) get something done* (umgangssprachlich)
zulassen (Passiv)	*(to) be allowed to* *(to) be permitted to*
veranlassen (Passiv)	*(to) be made to* *(to) be forced to*

Und nun noch ein paar idiomatische Redewendungen mit „lassen“, die du auswendig lernen solltest. Tipps zum Lernen von Vokabeln und Wortlisten findest du übrigens auf S. 26.

Wortliste

stop it	lass das sein
let's just forget about it then	dann lassen wir es eben
I'm afraid that can't be done	das lässt sich leider nicht machen
I can't stop smoking	ich kann das Rauchen nicht lassen
(to) leave the light on	das Licht brennen lassen
(to) grow a beard	sich einen Bart wachsen lassen
(to) put up with something	sich etwas gefallen lassen
(to) keep someone waiting	jemanden warten lassen
(to) drop something	etwas fallen lassen

Abschlusstest

Übersetze den folgenden Dialog ins Englische:

[1]*nun doch* = after all
[2]ski-bindings
[3]*einstellen* = (to) adjust
[4](to) wax
[5]it's great

Tim: Hallo Bob. Meine Eltern lassen mich nun doch[1] mit euch in den Skiurlaub fahren. Jetzt muss ich schnell meine Skibindung[2] einstellen[3] lassen und alles packen. Hast du deine Ski wachsen[4] lassen, oder lässt du sie, wie sie sind? Lass dein Snowboard nicht zu Hause.

Bob: Super[5], dass du mit uns mitkommst. Wie hast du das denn geschafft?

Tim: Ich habe alles getan, was meine Mutter wollte. Sie ließ mich den Keller aufräumen, mein Zimmer staubsaugen, das Auto waschen und ich musste einkaufen gehen, aber jetzt ist sie zufrieden.

Bob: Lässt du mich dann auch einmal dein neues Snowboard ausprobieren?

Tim: Sicher. Wenn du mich nicht wieder den ganzen Schnee alleine wegräumen[6] lässt und uns beim[7] Abendessen warten lässt – o.k.! Also bis morgen. Tschüss.

[6](to) clear away; [7]at

Unbestimmter und bestimmter Artikel
Indefinite and Definite Article

1. Der unbestimmte Artikel: *a/an*

Wie du weißt, gibt es im Englischen zwei Formen des unbestimmten Artikels: *a* und *an*.

> Der unbestimmte Artikel heißt *a* vor Konsonanten (Mitlauten) und *an* vor Vokalen (Selbstlauten: a, e, i, o, u).

Regel

Warum heißt es dann aber z. B. *a European*, obwohl am Wortanfang ein Vokal steht? Und warum schreibt man *an hour* oder *an SOS*, obwohl am Anfang beider Nomen ein Konsonant steht?

Es kommt im Englischen nicht darauf an, wie das folgende Wort geschrieben, sondern **wie es gesprochen wird**. Hier musst du aufpassen, denn bekanntlich stimmen Aussprache und Schreibung oft nicht überein.

Es heißt *an orange*, aber *a one-man band*, denn *one* wird [wʌn] gesprochen, also am Anfang eben nicht wie ein Vokal.

Genauso verhält es sich bei *an umbrella* und *a useless umbrella*, denn man spricht *useless* ['juːsləs]. Dagegen kann aber auch ein Wort, dessen erster Buchstabe ein Konsonant ist, vokalisch gesprochen werden, z. B. *an honest man. Honest* wird nämlich ['ɒnɪst] gesprochen. Das heißt, das „*h*" am Anfang wird nicht ausgesprochen – ebenso wie bei *hour* (also: *an hour*).

Auch bei Abkürzungen musst du manchmal aufpassen. So heißt es zum Beispiel ***a*** *Member of Parliament*, bei der Abkürzung dieses Ausdrucks sagt man aber ***an*** *MP*, da hier der erste Laut, der gesprochen wird, ein „*e*" ist [ˌem 'piː].

Und nun noch einmal übersichtlicher:

an orange	*a one-man band*
an umbrella	*a useless umbrella*
an honest man	*a house*
an MP	*a Member of Parliament*

Exercise

E1 ***Setze die richtige Form des unbestimmten Artikels (a oder* an*) vor die folgenden Wörter bzw. Ausdrücke.***

Achte immer auf den Laut, der unmittelbar auf den unbestimmten Artikel folgt. Wenn du dir nicht sicher bist, sprich dir die Wörter vor oder schlage sie im Wörterbuch nach – dort findest du die richtige Aussprache in jedem Fall.

1. .... jockey
2. .... university
3. .... EU regulation
4. .... hero
5. .... unit
6. .... year
7. .... historical character
8. .... jury
9. .... oven
10. .... useful idea
11. .... astronaut
12. .... uniform
13. .... urgent message
14. .... honour
15. .... hotel
16. .... youth hostel
17. .... huge building
18. .... UEFA committee
19. .... harbour
20. .... jacket

1.1 Der Gebrauch des unbestimmten Artikels

Auf den folgenden Seiten sehen wir uns einige Fälle an, in denen im Deutschen kein Artikel steht, in denen du im Englischen aber den unbestimmten Artikel verwenden musst.

Regel

Im Gegensatz zum Deutschen steht der unbestimmte Artikel im Englischen immer bei Berufsbezeichnungen sowie bei Bezeichnungen der Nationalität, Religion, Partei oder ganz allgemein einer Gruppe.

Are you an Englishman?
Sind Sie Engländer?

No, I'm a Scotsman.
Nein, ich bin Schotte.

Is Mr Wilson a bank manager?
Ist Herr Wilson Filialleiter einer Bank?

Oh no, he's a politician. He's an MP.
Oh nein, er ist Politiker. Er ist Parlamentsabgeordneter.

Ebenso:

He's a Conservative.
Er ist Konservativer.

She is a Protestant.
Sie ist Protestantin.

My friend Mike is a boy scout.
Mein Freund Mike ist Pfadfinder.

I'd like to be a punk rocker.
Ich möchte Punker sein.

E2 ***Übersetze ins Englische.*** **Exercise**

1. Sandra ist Englischlehrerin.

   ....

2. Jean ist Franzose.

   ....

3. Ich wäre gern Politiker.

   ....

4. Er ist Katholik.

   ....

Regel

> Auch bei Titeln und Ämtern steht im Englischen der unbestimmte Artikel.

He's not a lord, is he?
Er ist doch wohl nicht etwa Lord, oder?

Handelt es sich aber **um ein Amt, das nur eine einzige Person innehaben kann,** steht **kein unbestimmter Artikel.** (Das Gleiche gilt für **Titel.**)

Vergleiche die beiden folgenden Sätze:

He's an MP.
Er ist Abgeordneter.

He's MP for Bearsden West.
Er ist Abgeordneter für Bearsden West.

Im ersten Satz handelt es sich um eine allgemeine Berufsbezeichnung: Er ist einer von vielen Abgeordneten. Im zweiten Beispiel dagegen handelt es sich um ein Amt, das nur ein Mensch haben kann; es gibt eben nur einen Abgeordneten für Bearsden West.

Regel

Nach *as* im Sinne von „als" verhält es sich genauso wie bei Titeln und Ämtern. Es folgt also der unbestimmte Artikel, es sei denn, es handelt sich um eine Funktion, die nur einer Person zusteht.

As a boy I played football every day.
Als Junge spielte ich jeden Tag Fußball.

As Chairman of the Corporation, I must say ...
Als Vorsitzender des Unternehmens muss ich sagen, ...

Im zweiten Fall handelt es sich wieder um eine Position, die nur ein Mensch innehaben kann.

Exercise

E3 ***Vervollständige die Übersetzungen.***

1. Als junges Mädchen ging Sarah im Sommer oft ins Schwimbad.

   .... Sarah often went to the swimming pool in summer.

2. Als Präsident der Vereinigten Staaten muss er sehr viel arbeiten.

   .... he has to work very hard.

3. Als Kind hatte ich nicht viel Geld.

   .... I didn't have much money.

Bei welchem der drei Sätze darfst du keinen Artikel verwenden und warum?

....

Bei Maß-, Zeit- und Preisangaben steht im Englischen der unbestimmte Artikel.

Regel

Never drive faster than 30 miles an hour in towns.
I play tennis at least once a week.
The coffee was only 80p a cup.

E4 ***Wie würdest du die blau hervorgehobenen Satzteile ins Deutsche übersetzen?***

Exercise

1. ....
2. ....
3. ....

Der unbestimmte Artikel *a/an* wird also in solchen Fällen übersetzt mit:

....

Nun schauen wir uns einige Fälle an, in denen im Deutschen der unbestimmte Artikel steht, im Englischen dagegen nicht.

Der **unbestimmte Artikel** im Englischen gilt als **Zahlwort**. Deshalb steht er nur dann, **wenn das Substantiv gezählt werden und auch einen Plural haben kann** *(countable noun)*. Wenn ein Substantiv nicht zählbar ist, also auch nicht im Plural stehen kann *(uncountable noun)*, gibt es im Englischen kein *a/an*.

Das Wort *weather* etwa ist – genauso wie deutsch „Wetter“ – nicht zählbar: Man kann nicht „zwei Wetter“ sagen. Weil *weather* also keinen Plural hat, steht im Englischen kein unbestimmter Artikel.
Das gilt für alle nicht zählbaren Substantive. Problematisch wird es für uns erst, wenn ein Wort im Deutschen ohne Weiteres im Plural stehen kann, die englische Übersetzung aber nicht.

Folgende Substantive werden im Englischen nicht mit dem unbestimmten Artikel verbunden und stehen nie im Plural:

Wortliste

advice – Ratschlag, Ratschläge
furniture – Möbel
information – Information, Informationen
homework – Hausaufgabe, Hausaufgaben
news – Nachricht, Nachrichten
progress – Fortschritt, Fortschritte

Anstelle des unbestimmten Artikels kann in allen Fällen ***some*** (in verneinten Aussagesätzen oder in Fragesätzen ***any***) stehen.

I've got some bad news for you.
Ich habe eine schlechte Nachricht für dich.

My father needs some information.
Mein Vater braucht eine Auskunft.

Wenn du ausdrücken möchtest, dass es sich tatsächlich um **eine** Information, Nachricht usw. handelt, kannst du *a piece of* verwenden:

He gave me an interesting piece of advice.
Er gab mir einen interessanten Ratschlag.

Regel

Der unbestimmte Artikel steht im Englischen nicht bei *pairs*.

Pairs sind Wörter, die im Deutschen durchaus mit dem unbestimmten Artikel verbunden werden können, im Englischen aber nur mit ***a pair of***.

Dazu gehören folgende Wörter:
scissors (Schere), ***trousers*** (Hose), ***glasses*** (Brille), ***jeans*** (Jeans), ***shorts*** (Shorts, kurze Hose), ***pyjamas*** (Schlafanzug).

I need a new pair of glasses.
Ich brauche eine neue Brille.

E5 *Richtig oder falsch?*

Exercise

Kreuze an, ob die folgenden Sätze richtig oder falsch sind, und korrigiere sie wenn nötig.

	richtig	falsch
1. I've got a good news for you.	☐	☐
2. I've got a new jeans.	☐	☐
3. Tony and Ellen bought a very expensive piece of furniture.	☐	☐
4. Jerry often wears a red t-shirt and a blue shorts.	☐	☐
5. This is a very useful information.	☐	☐

Regel

Bei Bezeichnungen von Stoffen (wie z. B. *plastic, oil, tea* usw.) steht im Englischen – wie im Deutschen – der unbestimmte Artikel nicht.

Manche englischen **Stoffnamen** haben aber auch eine **zweite, spezifische Bedeutung,** bei der der unbestimmte Artikel stehen kann.

Wie du weißt, bedeutet *wood* ohne Artikel „Holz“, *a wood* mit Artikel ist ein Wald.

Kennst du die Bedeutungsunterschiede bei den Begriffen in der folgenden Übersicht?

Exercise

E6 ***Vervollständige die Tabelle. Nimm wenn nötig ein Wörterbuch zu Hilfe.***

Wortliste

allgemeine Bezeichnung		spezifische Bezeichnung	
wood	....	*a wood*	....
iron	....	*an iron*	ein Bügeleisen
stone	....	*a stone*	ein Stein
paper	Papier	*a paper*	....
cloth	....	*a cloth*	ein Lappen
glass	Glas	*a glass*	....
tea	....	*a tea*	eine Tasse Tee
coffee	Kaffee	*a coffee*	....

I like coffee. (Kaffee allgemein)
I ordered a black coffee. (eine Tasse Kaffee)

Merke dir ferner:

!

stairs	eine Treppe	*a stair*	eine Stufe

Exercise

E7 ***Setze, falls nötig, den unbestimmten Artikel bzw. den passenden Ausdruck* (some, a piece of, a pair of) *ein.***

Mrs Jenkins had just sat down for .... rest when she heard .... loud ring. She opened the door to find .... huge man with .... bowler hat and .... very strange .... glasses. "Good morning, I'm Mr Snodgrass, ... President of the Birdswell Corporation," he said with .... smile. "And I'm .... astronaut," replied Mrs Jenkins. "I know your type," she went on, "you're just .... salesman." "I'm here today to give you .... information about our new product. May I come in?" said Snodgrass. "I get .... dozen salesmen here .... day," replied Mrs Jenkins. "But nobody has .... product as versatile[1] as the Kirkbee," Snodgrass insisted. "Oh, all right," said Mrs Jenkins. "I've just made myself

[1] vielseitig

.... coffee. Would you like one?" "You've just made me .... offer I can't refuse. And I would like to make you .... even better offer. This is it," said Snodgrass. "It looks like .... vacuum cleaner," said Mrs Jenkins. "Yes, and it's so powerful that it can pull .... mouse out of .... mousehole," the salesman insisted. "But we don't have any mice," replied Mrs Jenkins. Snodgrass smiled and went on. "The Kirkbee can do even more. If you want to iron .... jeans, the Kirkbee does it." "You mean it's .... iron, too?" said Mrs Jenkins in surprise. "Not only that," Snodgrass went on, "you'll never need .... scissors again. The Kirkbee can cut through anything. Or if you want to paint .... fence, the Kirkbee does it. And with this attractive case, it becomes .... beautiful .... furniture for the living room." "How much is it?" asked Mrs Jenkins. "Only £45 .... week for the next twelve months. And if your husband is .... MP, ... judge or .... Chief of Police, we give you .... reduction of £10!" "Goodbye," said Mrs Jenkins.

1.2 Besonderheiten in der Wortstellung

Die Stellung des unbestimmten Artikels im Englischen unterscheidet sich kaum von der im Deutschen. Allerdings solltest du dir folgende Konstruktionen merken:

half an hour later
eine halbe Stunde später

quite an interesting book
ein ziemlich interessantes Buch

What a lovely day.
Was für ein schöner Tag!

such a difficult situation
solch/so eine schwierige Situation

Was fällt dir bei diesen Konstruktionen in Bezug auf die Wortstellung auf?

Exercise

E8 *Ergänze die Regel.*

Regel

Der unbestimmte Artikel steht nicht ...., sondern .... den folgenden Wörtern:

half – halb
quite – ganz, ziemlich
rather – ziemlich
such – solch, so
what – was für

Sieh dir nun aber die folgenden Sätze an:

I've never heard such nonsense.
Ich habe noch nie einen solchen Unsinn gehört!

What rotten luck.
Was für ein Pech/So ein Pech!

What terrible weather.
Was für ein furchtbares Wetter!

What wonderful snow.
Was für ein wunderbarer Schnee!

Exercise

E9 *Warum steht hier kein unbestimmter Artikel?*

....

Beachte aber:

What a pity /What a shame.
Wie schade!

Exercise

E10 *Übersetze ins Englische.*

1. Was für eine Gelegenheit!

....

2. Er verdient eine ganze Menge.

....

3. Das war eine ziemliche Überraschung.

4. Was für ein Glück!

5. In einer solchen Situation muss man schnell weglaufen.

6. Was für ein schönes Kleid!

7. Es war ein so langweiliger Film, dass ich eingeschlafen bin.

8. Ich hätte gern ein halbes Dutzend Eier.

Die folgenden Ausdrücke solltest du als feststehende Redewendungen auswendig lernen:

*to be in **a** hurry*	in Eile sein, es eilig haben
*to have **a** headache*	Kopfschmerzen haben
*to make **a** noise*	Lärm machen
*to have **a** temperature*	Fieber haben
*to come to **an** end*	zu Ende gehen
*for **a** change*	zur Abwechslung
*as **a** rule*	in der Regel
*for **a** long time*	lange, für lange Zeit
*as **a** whole*	als Ganzes
*without **a** break*	ohne Unterbrechung

Wortliste

Tipps zum Lernen von Vokabeln und Wortlisten findest du auf S. 26.

2. Der bestimmte Artikel: *the*

2.1 Der Gebrauch des bestimmten Artikels

Der **Gebrauch des bestimmten Artikels** im Englischen bereitet Deutschen häufig Schwierigkeiten. Darum ist es wichtig, dass du dir klarmachst, wann und wozu der bestimmte Artikel im Englischen verwendet wird.

Regel

Im Englischen steht der bestimmte Artikel nur dann, wenn eine Person, eine Sache oder ein Begriff näher bestimmt oder erklärt werden. (Wenige Ausnahmen bestätigen diese Regel.)

Deshalb kommt der bestimmte Artikel im Englischen wesentlich seltener vor als im Deutschen.

Life is wonderful.
Das Leben ist wunderbar.

The life of Robinson Crusoe was very exciting.
Das Leben von Robinson Crusoe war sehr aufregend.

Exercise

E11 ***Kannst du erklären, warum nur im zweiten Satz der bestimmte Artikel steht?***

....

....

....

Exercise

E12 ***Kreuze an, ob es sich um einen allgemeinen oder einer näher bestimmten Begriff handelt, und setze wenn nötig den bestimmten Artikel ein.***

1. How does .... air pollution affect our surroundings?
   ☐ allgemein ☐ näher bestimmt
2. .... sea was rather rough when we crossed from Dover to Ostend yesterday.
   ☐ allgemein ☐ näher bestimmt
3. .... society has changed a lot in the last fifty years.
   ☐ allgemein ☐ näher bestimmt
4. Mr Marsh is a sailor and he's at .... sea most of the year.
   ☐ allgemein ☐ näher bestimmt

5. .... work I'm doing right now is quite interesting.

☐ allgemein ☐ näher bestimmt

6. "It's not fair! While I'm at .... work you can lie in bed."

☐ allgemein ☐ näher bestimmt

Regel

Bei den folgenden Wörtern steht der bestimmte Artikel nicht, wenn man an den eigentlichen Zweck der Einrichtungen bzw. Gegenstände denkt: *school, college, university, prison, hospital, work, church, court, bed, sea.*

Ein einfaches Beispiel macht dir das verständlich: Der eigentliche Zweck von einem *hospital* ist, dass man dort ärztlich behandelt wird. Wenn man an diesen Zweck denkt, steht im Englischen kein ***the***:

He was taken to hospital.
Er wurde ins Krankenhaus gebracht (nämlich, um dort ärztlich behandelt zu werden).

Are you still at school?
Gehst du noch in die Schule (nämlich, um dort zu lernen)?

They go to church at least once a week.
Sie gehen mindestens einmal in der Woche in die Kirche (um dort zu beten).

Denkt man aber an ganz bestimmte Gegenstände oder Einrichtungen, z. B. an die Gebäude selbst und nicht an ihren Zweck, so steht der bestimmte Artikel.

The school is at the bottom of the road.
Die Schule (= das Schulhaus) liegt am Ende der Straße.

There were lots of tourists in the church admiring the architecture.
Es waren viele Touristen in der Kirche, die die Architektur bewunderten.

Could you tell me where the court is?
Könnten Sie mir sagen, wo das Gerichtsgebäude ist?

!

Bei *cathedral, office, cinema, theatre, opera* steht dagegen immer der bestimmte Artikel.

I like going to the theatre and to the opera.
Ich gehe gern ins Theater und in die Oper.

Do you like going to the cinema?
Gehst du gern ins Kino?

Exercise

E13 *Mit oder ohne* the?

1. I'd like to go to .... university when I've finished .... school.
2. They go to mass in .... cathedral every Sunday.
3. I can't go to .... cinema tonight, I've got to do a lot of homework for .... school tomorrow.
4. "Let's go to .... church and have a look at the famous statues."
5. The young man was sent to .... prison for setting fire to .... school.
6. Mrs Davidson has to go to .... hospital to visit her husband every day.

Regel

Auch bei Mahlzeiten kommt es darauf an, ob von der Mahlzeit ganz allgemein oder von einem ganz bestimmten Essen die Rede ist.

After lunch we went for a walk.
Nach dem Mittagessen gingen wir spazieren.

Aber:

The lunch she made was splendid.
Das Mittagessen, das sie zubereitete, war hervorragend.

Exercise

E14 *Kannst du weitere Beispiele finden?*

Allgemein: ....

Näher bestimmt: ....

Regel

Bei Jahreszeiten, Monaten, Tageszeiten, Wochen- und Festtagen gilt auch: Wenn sie als allgemeine Begriffe gebraucht werden, werden sie nicht mit dem bestimmten Artikel verwendet. Wird aber von einem bestimmten Tag, Monat usw. gesprochen, muss der bestimmte Artikel stehen.

He wants to go and see them on Monday.
Er möchte sie am Montag aufsuchen.

Aber:

It happened on the Monday after my birthday.
Es geschah am Montag nach meinem Geburtstag.

The summer of 1996 was terribly rainy.
Der Sommer des Jahres 1996 war schrecklich verregnet.

E15 *Mit oder ohne* the*?*

Exercise

Beachte dabei die Regeln, die du in diesem Abschnitt gerade gelernt hast.

1. .... first Monday in .... August is a Bank Holiday in Scotland.
2. John has invited me to .... cinema tonight, and afterwards we're going to have .... dinner in an Italian restaurant.
3. Hurry up, Kevin! .... breakfast is getting cold and you're going to be late for .... school.
4. .... Saturday after we last spoke, I broke my leg and had to be taken to .... hospital.
5. I'll never forget .... dinner we had .... last Christmas.
6. What's for .... dinner, Dad? I'm hungry.

Regel

> Bei Stoffbezeichnungen, Allgemeinbegriffen, Gattungsnamen und Abstrakta steht im Englischen ebenfalls kein bestimmter Artikel, es sei denn, sie werden durch eine Zusatzinformation näher bestimmt.

Bei den Diamanten im ersten Beispielsatz der Übersicht auf Seite 94 handelt es sich z. B. um Diamanten im Allgemeinen, bei den Diamanten im Satz daneben dagegen um ganz bestimmte Diamanten, die gestohlen worden waren und die man wiedergefunden hatte.

Sie dir die folgenden Beispiele an:

allgemeine Begriffe	bestimmte Begriffe
Stoffbezeichnungen wie z. B. ***coal, water, ice, wool, iron, stone, glass, bread*** usw.	
I like diamonds best of all. Diamanten mag ich am allerliebsten.	*The stolen diamonds were found yesterday.* Die gestohlenen Diamanten wurden gestern gefunden.
Allgemeinbegriffe wie z. B. ***man, mankind*** (der Mensch), ***woman*** (die Frau), ***heaven*** (der Himmel), ***hell*** (die Hölle), ***nature*** (die Natur) usw.	
Man seems to want to destroy nature. Der Mensch scheint die Natur zerstören zu wollen.	*The old man had the nature of a child.* Der alte Mann hatte das Wesen eines Kindes.
Gattungsnamen im Plural[1] wie z. B. ***lions, insects, horses, fish, reptiles*** usw.	
Dogs are my favourite pets. Hunde sind meine Lieblingshaustiere.	*The neighbours' dogs bark all day.* Die Hunde der Nachbarn bellen den ganzen Tag.
Abstrakta wie z. B. ***love, hate, fear, hope, happiness, faith, life, society, history, writing, reading*** usw.	
Real happiness is hard to find. Das wahre Glück ist schwer zu finden.	*The happiness I am dreaming of cannot be bought.* Das Glück, von dem ich träume, lässt sich nicht kaufen.

[1]*Gattungsnamen im Singular stehen mit Artikel, z. B.:* The dog is the best type of pet. = *Der Hund ist die beste Art von Haustier.*

Der Beispielsatz *„Real happiness is hard to find"* mag dir etwas verwirrend erscheinen. Schließlich wird das „Glück" durch das Adjektiv näher definiert. Aber es ist immer noch von etwas Allgemeinem die Rede und nicht von einem bestimmten Glück, das jemand genießt oder von dem er träumt.

Tipp

Grundsätzlich kannst du dir merken, dass **abstrakte Begriffe nur selten näher bestimmt werden,** und sie stehen im Englischen deshalb meistens **ohne Artikel.**

It's people that are important, not religion or colour.
Es sind die Menschen, die wichtig sind, nicht die Religion oder die Hautfarbe.

Nicht näher bestimmte Substantive im Plural stehen im Englischen ohne den bestimmten Artikel.

Regel

Im gerade erwähnten Beispiel hieß es: *„It's people that are important"*, und das wird so übersetzt: „Es sind die Menschen, die wichtig sind." Hier haben wir ein nicht näher bestimmtes Substantiv im Plural, das im Englischen ohne den bestimmten Artikel steht. Denn es sind nicht ganz bestimmte Menschen, um die es hier geht, sondern „die Menschen ganz allgemein" (etwa im Gegensatz zu den Tieren und Pflanzen).

allgemeine Begriffe	bestimmte Begriffe
Boys will be boys. (Sprichwort) Jungen sind nun einmal so.	*I'll pick the boys up after school.* Ich hole die Jungen nach der Schule ab.
After the accident they exchanged telephone numbers. Nach dem Unfall tauschten sie die Telefonnummern aus.	*The telephone numbers which he gave me were all wrong.* Die Telefonnummern, die er mir gab, waren alle falsch.

Auch beim Beispiel mit den Telefonnummern meinen viele Deutsche, dass die Telefonnummern deshalb näher bestimmt sind, weil es ihre eigenen Telefonnummern sind und nicht die eines anderen. Im Satz selbst aber gibt es keine Zusatzinformation, die die Telefonnummern näher bestimmt. Dies geschieht erst im zweiten Beispiel durch Hinzufügung des Satzteils *which he gave me.*

Mache dir vor der nächsten Übung noch einmal den Unterschied zwischen einem **näher bestimmten** Substantiv und einem **nicht näher bestimmten** Substantiv bewusst:

There's a rugby match on TV.
Es kommt ein Rugby-Spiel im Fernsehen.

My father was watching TV when I came home.
Mein Vater sah fern, als ich nach Hause kam.

Wieso gibt es in beiden Fällen im Englischen keinen bestimmten Artikel? Es geht hier nicht um ein bestimmtes Fernsehgerät: Das Rugby-Spiel kommt im Fernsehen schlechthin – nicht nur bei demjenigen, der diesen Satz sagt!
Ebenso bedeutet *(to) watch TV* nicht „vor einem bestimmten Gerät sitzen", sondern fernsehen überhaupt.

Exercise

E16 ***Lass dir nun einen Satz einfallen, in dem es nicht um das Fernsehen allgemein, sondern um einen bestimmten Fernsehapparat geht.***

....

....

Exercise

E17 ***Übersetze ins Englische.***

1. Vorsicht! Die Hunde hier sind sehr gefährlich!

   ....

2. Das Wasser ist sehr kalt heute.

   ....

3. Die Karten für das Konzert waren sehr teuer.

   ....

4. Das Benzin ist schon wieder teurer geworden.

   ....

5. Junge Leute mögen oft laute Musik.

   ....

6. Die Insekten hier sind ziemlich lästig.[1]

   ....

7. Ameisen[2] sind sehr nützliche Insekten.

   ....

8. Die alten Leute im Dorf müssen sehr schwer arbeiten.

   ....

9. Die Freiheit bedeutet ihm alles.

   ....

10. Der Kaffee im Hotel war immer kalt.

   ....

[1] annoying

[2] ants

Wir kommen nun zum Gebrauch des bestimmten Artikels bei Personennamen und Verwandschaftsbezeichnungen sowie bei geografischen Begriffen. Hier gibt es viele Gemeinsamkeiten mit dem Deutschen, aber auch einige Unterschiede.

Unterstreiche auf den folgenden Seiten alle Beispiele, die sich vom Deutschen unterscheiden oder die du persönlich schwierig findest. Lerne diese dann ganz bewusst, indem du z. B. Karteikarten anlegst.

> Personennamen im Singular stehen ohne bestimmten Artikel, und zwar auch dann, wenn sie durch ein Adjektiv, eine Verwandtschaftsbezeichnung oder einen Titel näher bestimmt werden.

Regel

I'll call Dr Wilson at once.
Ich rufe (den) Doktor Wilson sofort an.

Poor old Fred didn't know what to do.
Der arme alte Fred wusste nicht, was er machen sollte.

Professor Jones knows my father.
(Der) Professor Jones kennt meinen Vater.

Aunt Mary is coming to see us tomorrow.
Tante Mary besucht uns morgen.

Verwandtschaftsbezeichnungen, die wie Namen gebraucht werden, stehen ebenfalls ohne Artikel.

Dad is hopeless at cooking!
(Der) Papa kann überhaupt nicht kochen!

> Familiennamen im Plural dagegen stehen mit dem bestimmten Artikel.

!

We've been invited to dinner by the Jacksons.
Wir sind von Jacksons zum Abendessen eingeladen.

> Namen von Erdteilen, Ländern, Städten, Straßen, Gebäuden, Inseln, Bergen und Seen stehen im Singular meistens ohne den bestimmten Artikel.

Regel

Beispiele:

Asia	Asien
Turkey	die Türkei
Cologne	Köln
Downing Street	die Downing Street
Gatwick Airport	der Flughafen Gatwick
Crete	Kreta
Snowdon	der Snowdon
Lake Geneva	der Genfer See

Leider hat diese Regel viele Ausnahmen.

Die wichtigsten sind:

the Arctic	die Arktis
the Antarctic	die Antarktis
the High Street	die Hauptstraße
the Lake District	der Lake District
the Near/Middle/Far East	der Nahe/Mittlere/Ferne Osten
the Post Office Tower	der Londoner Postturm
the British Museum	das Britische Museum
the Empire State Building	das Empire State Building
the United Kingdom (U. K.)	das Vereinigte Königreich

Bei Zusammensetzungen aus **Name + *of*** steht dagegen immer der bestimmte Artikel.

the Tower of London, kurz: *the Tower*	der Tower
the Isle of Wight	die Insel Wight
the Straits of Gibraltar	die Straße von Gibraltar
the Houses of Parliament	das britische Parlamentsgebäude

Auch bei Namen von **Flüssen, Meeren** oder **Meeresteilen** steht immer der bestimmte Artikel.

the Thames	die Themse
the Mississippi	der Mississippi
the Pacific	der Pazifik
the (English) Channel	der (Ärmel-)Kanal

Bei **ausländischen Bergen**, die keinen englischen Namen haben, steht der bestimmte Artikel.

the Zugspitze

Ausnahme: Berge mit *Mount*: ***Mount Everest*** (der Mount Everest)

Plural-Namen werden mit dem bestimmten Artikel verbunden.

the USA	die USA
the Great Lakes	die Großen Seen
the Channel Islands	die Kanalinseln
the Falkland Islands	die Falklandinseln
the Alps	die Alpen
the Rocky Mountains	die Rocky Mountains

E18 ***Der folgende Text enthält zehn Fehler. Kannst du sie finden?*** Exercise

Last year we went on holiday to United Kingdom. First we drove through the Netherlands and took a ferry to Dover. Then we drove up to London. There we saw lots of sights: Houses of Parliament, the Big Ben, the Tower of London, the Nelson's Column and the Post Office Tower. Then we drove up to Lake District, where we spent a few days. After that we moved on to Scotland. First we tried to find the monster in the Loch Ness, but I'm afraid we were unlucky. Then we took a ferry over to Isle of Skye and went to see MacArthurs. We've known the Dr MacArthur for years. After that, we went back to the mainland, and climbed up part of the Ben Nevis, the highest mountain in the British Isles. We were sad to have to leave Britain, but Mum and Dad have promised that we'll go there again next year.

2.2 Besonderheiten in der Wortstellung

Die Wortstellung beim bestimmten Artikel im Englischen entspricht weitgehend der im Deutschen.

Aber es gibt einige Ausnahmen.

Sieh dir die folgenden Beispiele an. Was fällt dir auf?

all the way
den ganzen Weg

both the bicycles
die beiden Fahrräder

double the profit
der doppelte Gewinn

half the time
die halbe Zeit

E19 ***Kannst du die Regel ergänzen?*** Exercise

Regel

Bei *all, both, double, half* wird im Englischen ....

....

Eine Sonderstellung nimmt ***most*** bzw. ***most of*** ein. ***Most*** als Übersetzung von „die meisten ...“ verwendet man, wenn die Gruppe, von der die Rede ist, nicht näher bestimmt wird.

most men
die meisten Männer (ganz allgemein)

most Scots
die meisten Schotten (generell)
Most of + the als Übersetzung von „die meisten ..." deutet auf eine nähere Bestimmung der Gruppe.

most of the men in the room
die meisten Männer im Zimmer

most of the Scots I have ever met
die meisten Schotten, denen ich je begegnet bin

Most of bedeutet auch „der Großteil der/des ..." und wird mit einem bestimmten Artikel verwendet.

most of the time
die meiste Zeit

most of the afternoon
der Großteil des Nachmittags

Exercise **E20** ***Kreuze die richtige Lösung an und schreibe sie in die Lücke.***

1. I was in the garden .... time.
   a) ☐ the most b) ☐ most of the c) ☐ the most of the
2. .... children like ice-cream.
   a) ☐ Most b) ☐ The most c) ☐ Most of the
3. I bought this pullover yesterday for .... price.
   a) ☐ the half b) ☐ half c) ☐ half the
4. My brother always eats .... amount.
   a) ☐ double the b) ☐ the double c) ☐ the double the
5. .... English I have ever met are interested in music.
   a) ☐ Most of the b) ☐ Most c) ☐ The most

2.3 Possessivbegleiter im Englischen statt Artikel im Deutschen

Sieh dir die folgenden Beispiele an. Was fällt dir auf, wenn du die in den englischen Sätzen hervorgehobenen Satzteile mit der deutschen Übersetzung vergleichst?

While my father waved his hands in the air ...
Während mein Vater mit den Händen wild gestikulierte ...

Gerry shook his head.
Gerry schüttelte den Kopf.

E21 ***Ergänze die Regel.*** Exercise

Regel

> Bei Körperteilen steht im Englischen ....
> anstelle des .... im Deutschen. Dasselbe gilt für Kleidungsstücke.

Allerdings gibt es hier auch eine Ausnahme. Sieh dir das folgende Beispiel an.

I took him by the arm ...
Ich nahm ihn am Arm ...

Die Person, der der Körperteil gehört, ist nicht Subjekt des Satzes; außerdem gibt es eine Verbindung von **Personalpronomen *(him)* + Präposition *(by)* + Körperteil**. Bei solchen Konstruktionen muss der bestimmte Artikel stehen.

The stone hit him on the head.
Der Stein traf ihn am Kopf.

Diese Konstruktion kommt nicht besonders häufig vor, aber du solltest sie zumindest erkennen können und nicht glauben, dass sie der vorstehenden Regel widerspricht.

Exercise

E22 ***Übersetze ins Englische.***

1. Er brach sich den Arm.

   ....

2. Der alte Mann hatte die Hände in den Taschen.

   ....

3. Sandra zog sich die neue Jeans an.

   ....

4. Er schüttelte mir die Hand.

   ....

5. Ich zog mir den Mantel an, weil es draußen kalt war.

   ....

   ....

6. Miriam schloss die Augen.

   ....

Es gibt allerdings auch einen Fall, in dem der bestimmte Artikel im Englischen in der Regel verwendet wird, im Deutschen aber nicht:

Regel

Bei Musikinstrumenten steht im Englischen der bestimmte Artikel.

I play the piano.
Ich spiele Klavier.

Can you play the drums?
Kannst du Schlagzeug spielen?

Schließlich gibt es dazu noch einige Wendungen, die du lernen solltest:

Wortliste

it is the custom	es ist Sitte
with the help of	mithilfe von
with the exception of	mit Ausnahme von
in the presence of	in Anwesenheit von
at the expense of	auf Kosten von

Abschlusstest

a) Setze, falls nötig, den unbestimmten Artikel bzw. eine Ersatzform **(some, a piece of, a pair of)** ***ein. Beachte dabei die Wortstellung.***

1. Although I am .... American, I only go back to America once .... year.
2. As .... child I used to go to the zoo every Sunday.
3. It was .... rather .... boring film.
4. The children like playing in .... wood near their home.
5. Professor Higgins is .... famous scientist.
6. I'd like .... information on flights to New York, please.
7. I've been waiting for you for .... half .... hour!
8. Petrol is now almost 95p .... litre.
9. I need .... new .... jeans – these ones are too small now.
10. What .... nonsense! I couldn't have been going at 85 miles .... hour!

b) Setze, falls nötig, den bestimmten Artikel bzw. das Possessivpronomen ein. Beachte auch hier die Wortstellung.

1. .... women in this part of .... world have to work much harder than .... men.
2. I don't like .... Mondays, as I've got to get up early for .... school.
3. I've got a friend who is in .... Antarctic at the moment.
4. Tina put on .... favourite dress for .... party.
5. I spent .... half .... morning putting up those shelves – and they still aren't straight!
6. .... Mrs Parkins gets to .... office by .... bus.

7. I'm going to .... cinema with .... Jill on .... Saturday.
8. .... Professor Leblanc comes from .... Switzerland.
9. .... policeman injured .... hand when he tried to save .... woman from the gunman.
10. .... Watsons have a lovely little antique shop in .... High Street.
11. There was a notice at .... zoo saying, "Do not feed .... animals."
12. .... most of .... girls I know get more pocket money than I do.
13. .... death of .... Dr Fisher came as a shock to all of us.
14. After .... lunch, ... Mum and Dad like to sit down and read .... paper.
15. .... water is a luxury in .... desert.

F Relativsätze
Relative Clauses

Wie du weißt, gibt es im Englischen folgende **Relativpronomen** *(relative pronouns)*:

Relativpronomen		**als Subjekt**	**als Objekt**	**im Genitiv**	**mit Präposition**
notwendiger Relativsatz	**Personen**	*who/that*	*who/that/ whom*	*whose*	*(by, for) whom*
nicht notwendiger Relativsatz		*who*	*who/ whom*		
notwendiger Relativsatz	**Sachen/ Tiere**	*which/ that*	*which/ that*	*whose/ of which*	*(by, for) which*
nicht notwendiger Relativsatz		*which*	*which*		
	ganzer Satz	*which*	*which*		

Relativsätze beziehen sich auf etwas Vorangegangenes. (Das englische Verb *to relate to* heißt „sich beziehen auf".) Das kann entweder ein Wort sein oder ein ganzer Satz.
Meist beziehen sie sich, wie im Deutschen, auf ein **vorangegangenes Wort**.

My brother, who lives in London, has got a really good job.
Mein Bruder, der in London wohnt, hat eine sehr gute Stelle.

Im Gegensatz zum Deutschen kann das **Relativpronomen** im Englischen manchmal auch **weggelassen werden**.

She didn't read the book (that) I gave her.
Sie hat das Buch, das ich ihr gegeben habe, nicht gelesen.

Und – darin unterscheidet sich das Englische ebenfalls vom Deutschen – das **Komma** kann unter bestimmten Bedingungen **entfallen:**

The man who stole the car has now been caught.
Der Mann, der das Auto gestohlen hat, ist jetzt festgenommen worden.

Für diese beiden Regeln ist die Unterscheidung zwischen **notwendigen** und **nicht notwendigen** Relativsätzen *(defining and non-defining relative clauses)* wichtig. Ein Punkt, auf den wir im Weiteren näher eingehen werden.

1. Relativsätze, die sich auf einen Satz beziehen

Schau dir den folgenden Satz an:

This year we had daffodils in February, which doesn't happen very often.
Dieses Jahr hatten wir schon im Februar Narzissen, was nicht sehr häufig vorkommt.

Exercise

F1 ***Worauf bezieht sich das Relativpronomen* which *in dem Beispielsatz?***

Damit kommen wir gleich zu unserer ersten Regel:

Regel

Bezieht sich das Relativpronomen auf einen ganzen Satz, dann lautet es immer ***which***. Dieses *which* entspricht dem deutschen „was". Vor dem *which* muss immer ein Komma stehen.

Exercise

F2 ***Verbinde die beiden Sätze mit einem Relativpronomen.***

1. I didn't have to do any homework yesterday. That doesn't happen very often. ....

....

2. We didn't manage to get tickets for the concert. It was a great pity.

....

....

3. In Britain you can get married when you're 16. I think that's crazy.

....

....

4. My dad left the lights of the car on, and when he went to start it the battery was flat. That was a nasty surprise. ....

....

....

5. He says he has given up smoking. That's hard to believe. ....

....

2. Notwendige/nicht notwendige Relativsätze

Kommen wir nun zu den Relativsätzen, die sich auf ein vorangegangenes Wort beziehen. Man unterscheidet im Englischen zwischen **notwendigen und nicht notwendigen Relativsätzen** *(defining and non-defining relative clauses).*

Diese Unterscheidung ist aus drei Gründen wichtig. Sie spielt eine Rolle

1. bei der **Kommasetzung,**
2. bei der Verwendung des Relativpronomens ***that***,
3. bei der Frage, ob ein Relativpronomen **entfallen kann oder nicht.**

Was heißt nun aber „notwendig"? Wann ist ein Satz notwendig?

„Notwendiger Relativsatz" bedeutet: ein Relativsatz, der für die Aussage des ganzen Satzes nötig ist. Lässt man ihn weg, versteht man den Sinn des Satzes nicht mehr richtig.

There is no human being on earth who has never made a mistake.
Es gibt keinen Menschen auf der Erde, der nie einen Fehler gemacht hat.

Lässt man den Relativsatz weg, so hat man eine unsinnige Aussage:

There is no human being on earth.
Es gibt keinen Menschen auf der Erde.

!

Notwendige Relativsätze sind für das Verständnis eines Satzes **unentbehrlich.** Daher werden sie auch **nicht** durch ein Komma abgetrennt.

Nicht notwendige Relativsätze sind für das Verständnis eines Satzes **entbehrlich.** Sie werden daher von diesem durch ein Komma abgetrennt.

Tanya, who spent all her spare time training, is now New York marathon champion.
Tanya, die in jeder Minute ihrer freien Zeit trainiert hat, ist jetzt Siegerin des New York Marathon.

Auch ohne den Relativsatz ergibt sich in diesem Beispiel eine sinnvolle Aussage. Die Zusatzinformation ist zwar interessant, aber nicht notwendig, sie könnte genauso gut in Klammern stehen.
Eigentlich ist das Komma nichts anderes als eine Art „Mini-Klammer". Denn alles, was zwischen den Kommas steht, könnte ebenso gut in Klammern stehen. Der Hauptsatz ist auch ohne den Nebensatz zu verstehen.

Und nun überprüfe einmal, ob dir klar ist, wann du ein Komma setzen musst und wann nicht.

Exercise

F3 ***Setze Kommas, wenn du meinst, dass der Relativsatz nicht notwendig ist – d. h., wenn er in Klammern stehen könnte. Du kannst auch ruhig mit Bleistift Klammern einsetzen.***

1. Is it true that people who live in Bavaria like drinking beer?
2. The British Prime Minister who has been ill recently is thinking of retiring.
3. The policeman who caught the murderer was treated like a hero in the village.
4. The car that he tried to sell me was a wreck.
5. People who don't smoke usually live longer than people who do smoke.
6. Lynn's grandmother who is 85 still rides a bike every day.
7. My brother Tony who is two years younger than I am isn't allowed to go out with girls.
8. I have a TV in my bedroom which is the cosiest room in the house.

Die Sache ist aber leider nicht immer so eindeutig. Achte bei den folgenden Sätzen darauf, dass sich der Sinn ändert, je nachdem, ob man ein Komma setzt oder nicht. Sieh dir die Beispiele einmal genau an:

nicht notwendiger Relativsatz

My watch, which kept perfect time, is broken.
Meine Uhr, die genau funktionierte, ist kaputt.

notwendiger Relativsatz

My watch which kept perfect time is broken.
Meine Uhr, die genau funktionierte, ist kaputt.

F4 ***Welchen Bedeutungsunterschied gibt es zwischen den beiden Sätzen?*** Exercise

Denke daran, dass der Relativsatz im ersten Beispiel wegfallen könnte, im zweiten nicht!

....

....

Und es gibt noch einen Tipp, wie man feststellen kann, ob ein Relativsatz notwendig ist oder nicht.

> Wenn man im Deutschen „derjenige“, „diejenige“, „dasjenige“ einsetzen kann, handelt es sich um einen notwendigen Relativsatz (also im Englischen ohne Komma!).

Tipp

Überträgt man dies auf den vorangegangenen Beispielsatz, dann lautet die Übersetzung:

Ausgerechnet diejenige Uhr, die genau funktionierte, ist kaputt.

F5 ***Mit oder ohne Komma? Kreuze die richtige Übersetzung an.*** Exercise

1. Meine Freundin, die in Paris lebt, heißt Julie. (Ich habe mehrere Freundinnen, eine davon lebt in Paris.)
   - ☐ a) My girlfriend, who lives in Paris, is called Julie.
   - ☐ b) My girlfriend who lives in Paris is called Julie.

2. Mein Auto, das zehn Jahre alt ist, läuft noch sehr gut. (Ich habe nur ein Auto.)

☐ a) My car which is ten years old still runs very well.

☐ b) My car, which is ten years old, still runs very well.

3. Das Fahrrad, das vor dem Haus stand, gehörte Mike. (Es gab noch andere Fahrräder, aber diese standen nicht vor dem Haus.)

☐ a) The bike which was standing in front of the house belonged to Mike.

☐ b) The bike, which was standing in front of the house, belonged to Mike.

3. Der Gebrauch der Relativpronomen

3.1 Relativpronomen als Subjekt und Objekt des Relativsatzes

Für die richtige Verwendung der Relativpronomen ist es sehr wichtig, dass du erkennst, ob das Relativpronomen Subjekt oder Objekt des Relativsatzes ist.

Das erkennst du – wie im normalen Satz auch – einfach durch eine gezielte Frage: Fragst du **„Wer?"** oder **„Was?"**, dann ist es **Subjekt**, fragst du **„Wen?"** oder **„Was?"**, dann ist es **Objekt**.

Exercise

F6 ***Subjekt oder Objekt? Entscheide, ob das Relativpronomen Subjekt oder Objekt des Relativsatzes ist.***

1. This is the book **that** John was talking about yesterday.

....

2. Thanks very much for the present **that** you gave me.

....

3. There's a policeman here **who** wants to have a word with you.

....

4. The dresses **that** she wears are very expensive.

....

Probleme? Hoffentlich keine! Solltest du doch Schwierigkeiten gehabt haben, hilft dir sicherlich der folgende Tipp:

> Steht unmittelbar nach dem Relativpronomen (*who, which, that* usw.) ein Substantiv (z. B. *John* in Satz 1 oben) oder ein Pronomen (z. B. *you* in Satz 2), dann ist das Relativpronomen immer Objekt des Relativsatzes.

Tipp

Notwendige Relativsätze

Hier noch einmal eine kurze Übersicht der Relativpronomen als Subjekt oder Objekt eines **notwendigen Relativsatzes**:

	Personen	**Tiere, leblose Dinge**
Subjekt	*who, that*	*which, that*
Objekt	*who, that, whom*	*which, that*

Das Relativpronomen ***that*** wird bei Tieren und leblosen Dingen sehr häufig anstelle von ***which*** verwendet, ist aber auch bei Personen möglich:

The man who/whom/that I've just been talking to is my boss.
Der Mann, mit dem ich gerade gesprochen habe, ist mein Chef.

The story which/that she told us was very interesting.
Die Geschichte, die sie uns erzählte, war sehr interessant.

Es gibt zwischen den jeweiligen Möglichkeiten keinen Unterschied in der Bedeutung.

Whom im Objektfall wird immer häufiger durch ***that*** oder ***who*** ersetzt, ist aber noch im formellen Englisch zu finden.

The person whom (oder: *that/who*) *I recommend for the job is Mr Roberts.*
Derjenige, den ich für die Arbeit empfehle, ist Mr. Roberts.

Exercise F7 ***Richtig oder falsch?***

Kreuze an, ob die folgenden Sätze richtig oder falsch sind, und korrigiere sie wenn nötig.

	richtig	falsch
1. The pullover that I bought yesterday has a hole in it.	☐	☐
....		
2. I know somebody whom could repair your car.	☐	☐
....		
3. The people which live here are very nice.	☐	☐
....		
4. The pen who you gave me ten minutes ago doesn't work.	☐	☐
....		
5. Is that the woman whom you saw yesterday?	☐	☐
....		

Wie wir auf S. 110 erwähnt haben, ist es manchmal unerlässlich, zu wissen, ob ein Relativpronomen Subjekt oder Objekt des Relativsatzes ist. Zu einem solchen Fall kommen wir nun.

Regel

> Bei notwendigen Relativsätzen kann man das Relativpronomen, wenn es Objekt ist, weglassen.

The man who(m) I asked to help us is my cousin.
The man I asked to help us is my cousin.
Der Mann, den ich gebeten habe, uns zu helfen, ist mein Cousin.

Diese Konstruktion ist im gesprochenen Englisch sehr gebräuchlich. Man nennt sie ***contact clause***.

Wenn das Relativpronomen Subjekt ist, ist eine solche Konstruktion nicht möglich. (Ist ja auch klar, sonst hat der Relativsatz ja gar kein Subjekt!)

The man who gives me piano lessons is really nice.
Der Mann, der mir Klavierunterricht gibt, ist wirklich nett.

Ohne *who* ist der Satz sinnlos.

F8 ***Kann man das Relativpronomen weglassen oder nicht? Streiche es dort durch, wo dies möglich ist.***

Exercise

Falls du bei der Unterscheidung zwischen Subjekt oder Objekt noch Schwierigkeiten hast, frage gezielt und sieh dir den Tipp auf Seite 111 noch einmal an!

1. There's a shop near here which sells really nice cakes.
2. The homework which our maths teacher has given us for the weekend is really hard.
3. The sweets that I like best are always sold out!
4. The man who lives next door to us is a doctor.
5. Environmental pollution is a problem which mankind must solve.
6. The thing that surprised me most of all was that he passed his driving test at the first attempt.
7. The excuse that you gave me for turning up late was just ridiculous.

Nicht notwendige Relativsätze

Kommen wir nun noch einmal zu den nicht notwendigen Relativsätzen. Wie du weißt, unterscheiden sich diese von den notwendigen Relativsätzen dadurch, dass sie durch Kommas vom Hauptsatz abgetrennt werden (siehe Kapitel F 2, S. 108).

Es gibt aber noch zwei andere wichtige Unterschiede, und zwar beim Gebrauch der Relativpronomen. Den ersten Unterschied kannst du selbst leicht herausfinden, wenn du dir die Übersicht auf S. 105 noch einmal genau anschaust.

F9 ***Ergänze die folgende Regel.***

Exercise

Im nicht notwendigen Relativsatz wird das Pronomen .... nicht verwendet.

Regel

Außerdem gilt:

Das Relativpronomen kann nicht einfach wegfallen wie beim notwendigen Relativsatz.

Regel

Es bleiben also, wenn das Relativpronomen Subjekt des Relativsatzes ist, nur noch *who* bei Personen und *which* bei Dingen und Tieren.

My mother, who knows a lot about computers, could probably help us solve the problem.
Meine Mutter, die viel von Computern versteht, könnte uns wahrscheinlich helfen, das Problem zu lösen.

The stamp, which is one of the rarest in the world, will be put up for sale tomorrow.
Die Briefmarke, die eine der seltensten auf der Welt ist, wird morgen zum Verkauf angeboten.

Ist das Relativpronomen Objekt des Relativsatzes, so steht *who/whom* bei Personen und *which* bei Dingen und Tieren.

Brian, who/whom I haven't seen for years, is coming to see us.
Brian, den ich seit Jahren nicht gesehen habe, kommt uns besuchen.

Her cat, which is called Blacky, had three kittens last week.
Ihre Katze, die Blacky heißt, hat letzte Woche drei Kätzchen bekommen.

Hier ein Tipp zur Vereinfachung des Problems, der sowohl für notwendige als auch für nicht notwendige Relativsätze gilt:

Tipp

> Halte dich im Subjektfall und auch im Objektfall sicherheitshalber an *who* für Menschen und *which* für leblose Dinge bzw. Tiere. Diese beiden darfst du aber nicht mehr durcheinanderbringen!

Exercise

F10 ***Übersetze ins Englische.***

Die Anmerkung in Klammern bei Satz 2 hilft dir, zu entscheiden, ob es sich um einen notwendigen oder einen nicht notwendigen Relativsatz handelt.

1. Mein Onkel Bruce, der in Australien lebt, ruft uns jeden Sonntag an.

   ....

2. Die Lieferung[1], auf die ich den ganzen Tag wartete, kam nicht. *(Dafür kam eine andere Lieferung, die ich nicht erwartet hatte.)*

   ....

3. Meine Lieblingsfernsehsendung[2], die „Das Krankenhaus im Bayerischen Wald" heißt, kommt[3] jeden Sonntag.

   ....

4. Der Hagelsturm[4], der nur drei Minuten dauerte, zerstörte die ganze Stadt.

   ....

[1] delivery
[2] Sendung – programme; [3] is on
[4] hailstorm

Bei einem der vier Übungssätze ist der Relativsatz notwendig. Beim welchem? ....

Welche Auswirkungen hat das auf die Kommasetzung und den Gebrauch des Relativpronomens?

....

....

3.2 Präpositionen im Relativsatz

Wenn es im Relativsatz eine Präposition gibt (wie z. B. *to, for, in, with*), die sich auf das Relativpronomen bezieht, verwendet man die gleichen Relativpronomen wie im Objektfall.

Was die Position der Präposition angeht, weicht die englische Konstruktion meist von der deutschen ab.

Aussagesatz:

I played tennis with Mr Becker yesterday.
Gestern habe ich mit Herrn Becker Tennis gespielt.

Relativsatz:

The man (that) I played tennis with yesterday was Mr Becker.
Der Mann, mit dem ich gestern Tennis gespielt habe, war Herr Becker.

F11 ***Vergleiche den englischen und den deutschen Relativsatz. Was fällt dir auf?*** Exercise

....

F12 ***Setze die richtige Präposition ein.*** Exercise

at – with – for – from – to

1. Pollution is a problem which we must learn to live ....
2. How was the party that you went .... last night?
3. The house that we had a look .... yesterday was really great.
4. Look, here's the key I have been looking .... all day.
5. That's the town Carlos comes ....

Wenn es sich um einen notwendigen Relativsatz handelt, kann das Relativpronomen, wie in der Regel auf Seite 112 erklärt wurde, im Objektfall wegfallen.

Is this the book that you are looking for?
Is this the book you are looking for?
Ist das das Buch, das du suchst?

The bus which I was waiting for was late.
The bus I was waiting for was late.
Der Bus, auf den ich gewartet habe, hatte Verspätung.

Exercise

F13 ***Bilde aus dem Hauptsatz einen Relativsatz. Lass das Relativpronomen wenn möglich weg.***

Beispiel:
I sold my car to this man.
This is the man I sold my car to.

1. I have been looking for this man.

   This is the man ....

2. Jill has been looking forward to this film.

   This is the film ....

3. We live next door to this lady.

   This is the lady ....

4. You can have a look at these magazines.

   Here are some magazines ....

Bei nicht notwendigen Relativsätzen darf das Relativpronomen auch hier **nie** wegfallen:

Sarah, who/whom I sold my skateboard to yesterday, is now in hospital with a broken leg.
Sarah, der ich gestern mein Skateboard verkauft habe, liegt jetzt mit einem gebrochenen Bein im Krankenhaus.

The party, which I had been looking forward to all week, was cancelled.
Die Party, auf die ich mich die ganze Woche gefreut hatte, wurde abgesagt.

Zu guter Letzt solltest du auch die folgende Regel beachten:

Regel

Both, some, most, several, all, many sowie Zahlen werden im Relativsatz vorangestellt und mit *of whom* bzw. *of which* verbunden.

The children from the city, some of whom had never seen a cow before, were fascinated by their visit to the country.
Die Kinder aus der Stadt, von denen manche noch nie eine Kuh gesehen hatten, waren von ihrem Besuch auf dem Lande fasziniert.

David sold me some CDs, most of which were almost new.
David verkaufte mir einige CDs, von denen die meisten fast neu waren.

F14 ***Vervollständige die Übersetzungen.*** Exercise

1. Die Welt, über die er so wenig weiß, ist ein großes Abenteuer für ihn.

   The world, which .... is a great adventure for him.

2. Das Baby, um das ich mich gestern Abend kümmern musste, war erst wenige Wochen alt.

   The baby I .... last night was only a few weeks old.

3. Der Junge, von dem sie die Karte bekam, ist in ihrer Klasse.

   The boy that .... is in her class.

3.3 Das Relativpronomen *whose*

Das Relativpronomen ***whose*** wird verwendet, wenn ein Besitz oder eine Zugehörigkeit ausgedrückt wird, d. h., es entspricht dem deutschen „dessen“ bzw. „deren“.

> *Whose* steht immer bei Personen, kann aber auch fast immer bei Dingen verwendet werden.

!

The boy whose dog was killed was very sad.
Der Junge, dessen Hund getötet wurde, war sehr traurig.

The house whose roof was blown off in the storm has now been repaired.
Das Haus, dessen Dach im Sturm weggerissen worden ist, ist jetzt repariert worden.

Allerdings findet man im formellen Englisch bei Dingen auch ***of which***:

Skiing is a sport the dangers of which are often underestimated.
Skiing is a sport whose dangers are often underestimated.
Das Skifahren ist eine Sportart, deren Gefahren oft unterschätzt werden.

Exercise **F15** ***Kreuze das richtige Relativpronomen an und schreibe es in die Lücke.***

1. This is the man .... car has been stolen.
   ☐ a) who ☐ b) whose ☐ c) whom
2. I would like to talk to the girl .... is sitting over there.
   ☐ a) whose ☐ b) who ☐ c) which
3. Yesterday I met a boy .... mother comes from China.
   ☐ a) whose ☐ b) who ☐ c) that
4. This is the house .... owners moved to the United States last month.
   ☐ a) who ☐ b) which ☐ c) whose
5. Please send me a copy of the letter .... you got from Jane.
   ☐ a) whom ☐ b) whose ☐ c) that

Exercise **F16** ***Setze, wo nötig, ein passendes Relativpronomen ein. Manchmal sind mehrere Lösungen möglich.***

1. The last time .... I was in England, there was a rail strike.
2. The artist .... was awarded first prize in the competition is very talented.
3. I tried out the recipe .... you gave me, but I'm afraid it didn't quite work out.
4. The flowers .... you sent me are really beautiful.
5. The people .... live in this part of the world live to a ripe old age.
6. The tourist .... wallet was stolen had to end his holiday a week earlier than planned.
7. The painting .... they were so proud of turned out to be a forgery[1].
8. The man .... I gave my money to wasn't the milkman, but a crook[2].

[1] Fälschung

[2] Betrüger

3.4 Besonderheiten: *that/what*

Schließlich noch ein paar Besonderheiten:

Nach *all, something, anything, everything, nothing, first, last, only* sowie Superlativen (z. B. *fastest, funniest*) steht das Relativpronomen *that*.

Regel

Dieses *that* kann auch im Objektfall weggelassen werden, wie in der Regel auf Seite 112 beschrieben; es kann aber normalerweise nicht durch *which* ersetzt werden:

All (that) I want is a little bit of peace and quiet.
Alles, was ich will, ist ein bisschen Ruhe.

Everything (that) I do seems to be wrong.
Alles, was ich tue, scheint falsch zu sein.

Austria is the most beautiful country (that) I have ever been to.
Österreich ist das schönste Land, in dem ich je gewesen bin.

I wish there was something (that) I could do to help.
Ich wünschte, es gäbe etwas, was ich tun könnte, um zu helfen.

Einige dieser oben aufgeführten Redewendungen werden im Deutschen mit „was" wiedergegeben: *all that* „alles, was"; *something that* „etwas, was"; *nothing that* „nichts, was" usw. Viele Schülerinnen und Schüler übersetzen dieses „was" oft mit dem englischen *what*. Das ist aber nicht richtig. Es muss in diesen Fällen immer *that* heißen.

Das Relativpronomen ***what*** bedeutet immer *the thing that* oder *the things that* und heißt auf Deutsch **„was"** bzw. **„das, was"**.

Take this – it's just what you need right now.
Nimm das – es ist genau das, was du jetzt brauchst.

Dieses „was" darfst du nicht verwechseln mit dem Relativpronomen *which*, das sich auf einen ganzen Satz bezieht und ebenfalls mit „was" übersetzt wird. (Vgl. Kap. F 1., S. 106 f.)

She sings all day, which makes me nervous.
Sie singt den ganzen Tag, was mich nervös macht.

Exercise

F17 ***Ergänze* that *oder* what *in den folgenden Sätzen. Setze das Relativpronomen in Klammern, wo es entfallen kann.***

1. All .... remains to be done is to pack up and go home.
2. This is the first time .... I have been abroad.
3. Is that all .... you want to eat?
4. Have you got everything .... you need?
5. That was the best match .... I have ever seen.
6. Is there anything else .... needs to be done?

Bei welchen beiden Sätzen darf *that* nicht wegfallen? ....

Warum? ....

Abschlusstest

a) Setze das richtige Relativpronomen ein* (who, whom, which, that, what, whose). *Manchmal sind mehrere Lösungen möglich.

1. There are a lot of countries .... do not allow you to enter them without a visa.
2. The doll .... you gave our little girl for Christmas is now her favourite toy.
3. Are you the man .... house has been burgled?
4. The new neighbours turned out to be the family .... we had met on holiday in Turkey last year.
5. She didn't understand .... I was trying to say to her.

b) Streiche das Pronomen dort durch, wo dies möglich ist.

1. All that I want you to do is to ask her for her phone number for me.
2. Steven, who I was talking to the other day, is going to Egypt on holiday next week.
3. That was the worst thing that you could possibly have said.
4. The new video camera which my dad bought yesterday must have been very expensive.
5. The murder weapon, which was an old Smith and Wesson, was found near the scene of the crime.

c) Setze Kommas ein, wo es nötig ist.

1. The song which she keeps singing really annoys me.
2. The Queen who only recently returned from the royal tour of New Zealand is spending the summer break in Scotland.
3. There are lots of students at this university who have to work to pay for their studies.
4. My teacher told me to find Mr Atkins which is easier said than done.
5. The train which has just arrived is the one my uncle is on.

d) Kreuze an, ob die folgenden Sätze richtig oder falsch sind, und korrigiere sie wenn nötig.

	richtig	falsch
1. The President of the USA who is at present in Germany on a state visit will attend a special dinner in Berlin tonight.	☐	☐
....		
2. He is the very man I am looking for.	☐	☐
....		
3. Toby and Mark, that father is a doctor, are always ill.	☐	☐
....		
4. Jane looks really funny in the picture, that I took of her.	☐	☐
....		
5. People who drink alcohol shouldn't drive.	☐	☐
....		

Passiv
Passive Voice

1. Formen und Bildungsweise des Passivs

Wenn du im Englischen ausdrücken willst, dass mit einer Person oder einer Sache etwas getan wird, verwendest du das Passiv.

Sieh dir die folgenden Beispielsätze an:

This office is cleaned every day.
Dieses Büro wird jeden Tag sauber gemacht.

Ian was taken to hospital yesterday afternoon.
Ian wurde gestern Nachmittag ins Krankenhaus gebracht.

Exercise G1 ***Wie wird das Passiv gebildet? Ergänze die Regel.***

Regel

Das Passiv wird mit einer Form des Verbs to be und die 3te form eines Vollverbs gebildet.

Das *Past Participle* bildest du bei regelmäßigen Verben, indem du ***-ed*** an die Grundform des Verbs anhängst. Bei unregelmäßigen Verben ist das *Past Participle* die „dritte Form" (siehe die Liste der unregelmäßigen Verben auf S. XXX).
Das Passiv kannst du in allen Zeiten bilden – du musst dafür nur das Verb *(to) be* in die entsprechende Zeitform setzen.

!

Denke auch daran, das Verb *(to) be* in der richtigen **Person** zu verwenden:
The man was taken to hospital.
Three men were taken to hospital.

G2 ***Vervollständige die Übersicht.*** **Exercise**

Simple Present	The office is cleaned every day.
Present Progressive	The office is being cleaned at the moment.
Present Perfect	Look! The office ~~have~~ has been cleaned.
Simple Past	The office was cleaned yesterday.
Past Progressive	The office was being cleaned when we arrived.
Past Perfect	The office had been cleaned.
Future I	The office will be cleaned soon.
Future II (Future Perfect)	The office will have been cleaned by tomorrow.
Conditional I	The office .... cleaned more thoroughly if we had more time.
Conditional II	The office would have been .... if you hadn't locked the door.

Passivkonstruktionen mit modalen Hilfsverben werden folgendermaßen gebildet:
modales Hilfsverb + *be* + *Past Participle*

!

Tickets can be bought at the booking office.
Karten können am Fahrkartenschalter gekauft werden.

The show had to be cancelled.
Die Vorstellung musste abgesagt werden.

Exercise G3 ***Kreuze die richtige(n) Lösung(en) an und schreibe sie in die Lücke.***

1. This bridge .... in the 17th century.

[ ] a) is built [ ] b) were built [x] c) was built

2. Look! The trees .... down.

[ ] a) was cut [x] b) have been cut [ ] c) will cut

3. The letter .... today.

[x] a) must be written [ ] b) will be written [ ] c) were written

4. Four people .... in the accident yesterday.

[x] a) were injured [ ] b) have been injured [ ] c) injured

5. My car ....

[ ] a) have been repaired [ ] b) is being repaired [x] c) has been repaired

2. Der Gebrauch des Passivs

Das Passiv wird verwendet, wenn nicht im Vordergrund steht, **wer** etwas getan hat, sondern **was** getan wurde. Die Betonung liegt also auf dem Geschehenen oder auf der Handlung. Das Passiv eignet sich vor allem, wenn man nicht nennen will oder kann, wer eine bestimmte Handlung ausgeführt hat. Aus diesem Grund werden Passivkonstruktionen zum Beispiel oft in Zeitungsberichten oder Nachrichten über Geschehnisse verwendet, bei denen unklar ist, wer der Täter war.

Vergleiche diese Sätze:

My bike was stolen last weekend.
The two boys went into a shop and stole lots of sweets.

Exercise G4 ***Beantworte die Fragen.***

1. Welcher der beiden Sätze steht im Aktiv, welcher im Passiv?

Der 1.te im Passiv, der 2te im Aktiv.

2. Welche Information steht bei den Sätzen jeweils im Vordergrund?

wer etwas getan hat bzw. wer die Handlung begangen hat. Entweder man selber oder jemand anders

Du kannst aber natürlich auch in Passivsätzen den oder die Handelnden nennen. Dazu verwendest du im Englischen den sogenannten *by-agent*:

This novel was written by James Joyce.
Dieser Roman wurde von James Joyce geschrieben.

Susan was bitten by a dog this morning.
Susan wurde heute Morgen von einem Hund gebissen.

G5 ***Vervollständige die Übersetzungen der folgenden Sätze.*** **Exercise**

1. Unsere Waschmaschine musste repariert werden.
   Our washing machine ....
2. Diese Häuser werden nächstes Jahr renoviert.
   .... renovated next year.
3. Der Dieb wurde gerade von der Polizei festgenommen.
   The thief has just ....
4. Die Sitzung wurde durch den Vorsitzenden eröffnet.
   The meeting .... the chairman.
5. Dieses Fenster wird gerade gestrichen.
   .... at the moment.

G6 ***Bilde Passivsätze.*** **Exercise**

Beispiel:

the cats/not/feed/yet
The cats haven't been fed yet.

1. the meeting/cancel/yesterday
   The meeting was cancelled yesterday. ✓
2. the letter/not/write/yet
   The letter hasn't been written yet f.
3. we/wake up/a noise downstairs
   We were woken up by a noise downstairs. ✓
4. the goods/deliver/as soon as possible
   The goods will be delivered as soon as possible. ✓
5. this picture/paint/Van Gogh
   The picture was painted by Van Gogh. ✓

2.1 Umwandlung von Aktivsätzen ins Passiv

Wenn du aus einem Aktivsatz einen Passivsatz machen möchtest, um zum Beispiel einen bestimmten Aspekt zu betonen oder einfach nur, um deinen Schreibstil abwechslungsreicher zu gestalten, musst du folgende Regel beachten:

Regel

> Aus dem Objekt des Aktivsatzes wird das Subjekt des Passivsatzes. Das Subjekt des Aktivsatzes wird zum Objekt des Passivsatzes. Es wird mithilfe der Präposition *by* angeschlossen (*by-agent*). Das Verb wird ins Passiv gesetzt. Die Zeitform wird dabei nicht verändert.

Aktiv

Stephen Spielberg directed this film.
Subjekt — Verb — Objekt

Passiv

This film was directed by Stephen Spielberg.
Subjekt — Verb — Objekt *(by-agent)*

Exercise

G7 ***Unterstreiche in den folgenden Sätzen jeweils das Subjekt und das Objekt und bilde Passivsätze.***

1. Shakespeare wrote "Romeo and Juliet".
Romeo and Juliet was written by Shakespear…
2. More than a hundred million people speak German.
German is spoken by more than a hundred…
3. My grandfather built this house.
This house was built by my grandfather
4. Thousands of people have visited this exhibition.
This exhibition has been visited by thousands-
5. The tourists had taken lots of photos during their stay in New York.
~~in New York~~ lots of photos during their stay in New York had been taken by the tourists.

2.2 Sätze mit zwei Objekten

Manche Aktivsätze haben zwei Objekte – ein direktes und ein indirektes. Dies ist beispielsweise bei den folgenden Verben der Fall:

(to) give	geben, schenken
(to) offer	anbieten
(to) show	zeigen
(to) send	schicken
(to) bring	bringen
(to) sell	verkaufen
(to) tell	erzählen
(to) explain	erklären

Daniel gave Sally a bunch of flowers.
Daniel schenkte Sally einen Blumenstrauß.

Jim told me a joke.
Jim erzählte mir einen Witz.

Wenn du solche Sätze ins Passiv umwandeln möchtest, gibt es immer zwei Möglichkeiten, da jedes der beiden Objekte zum Subjekt des Passivsatzes werden kann:

A bunch of flowers was given to Sally (by Daniel).
Sally was given a bunch of flowers (by Daniel).

A joke was told to me (by Jim).
I was told a joke (by Jim).

Wenn das direkte Objekt des Aktivsatzes – in den Beispielsätzen oben *a bunch of flowers* bzw. *a joke* – zum Subjekt des Passivsatzes wird, muss das indirekte Objekt – *Sally* bzw. *me* – mithilfe der Präposition *to* angeschlossen werden.

G8 ***Richtig oder falsch?*** **Exercise**

Kreuze an, ob die folgenden Passivsätze richtig oder falsch sind, und korrigiere sie, wenn nötig.

	richtig	falsch
1. The exercise was explained the pupils.	☒	☒
The exercise was explained to the pupils		
2. Us were given lots of presents.	☐	☒
~~lots of presents were given to us~~		
we were given lots of presents.		

3. The new house will be shown to us on Monday. ☒ ☐

4. The letter will sent to you as soon as possible. ☐ ☒

The letter will BE sent to you ...

5. The children were told a story. ☒ ☐

2.3 Das unpersönliche Passiv

Englische Passivsätze ohne *by-agent* (also Sätze, bei denen der Handelnde nicht genannt wird) kann man oft mithilfe eines unpersönlichen Aktivsatzes ins Deutsche übersetzen:

The sights were shown to us.
Man zeigte uns die Sehenswürdigkeiten.

Aktivsätze mit „man" („man sagt", man glaubt" usw.) sind im Deutschen relativ häufig. Im Englischen dagegen wird in solchen Fällen meist eine Passivkonstruktion verwendet (*it is said, it is believed* usw.).

it is said	man sagt
it is claimed	man behauptet
it is believed	man glaubt
it is thought	man denkt

Exercise **G9** ***Übersetze ins Englische.***

1. Man sagt, dass die meisten Kinder Süßigkeiten mögen.

2. Man glaubt, dass John gerne woanders arbeiten würde.

3. Man denkt, dass Sport gut für die Gesundheit ist.

Vergleiche nun die folgenden beiden Sätze miteinander:

It is said that men get sick twice as often as women.
Men are said to get sick twice as often as women.
Man sagt, dass Männer doppelt so oft krank werden wie Frauen.

Die zweite Konstruktion ist im Englischen sehr beliebt.

G10 ***Sieh dir den zweiten Beispielsatz genau an und beantworte die Fragen.*** **Exercise**

1. Kannst du beschreiben, wie diese Konstruktion gebildet wird?

....

....

....

....

2. Im Deutschen gibt es diese Konstruktion nicht. Fallen dir außer der Übersetzung mit „man sagt“ noch andere Möglichkeiten ein, diesen Satz auf Deutsch auszudrücken?

....

....

Auch andere Verben des Sagens oder Denkens können auf diese Weise verwendet werden:

Form des Verbs *(to) be* + *said* / *known* / *claimed* / *believed* / *thought* / *supposed* + *to* + Infinitiv

Cars are known to pollute the environment.
Man weiß, dass Autos die Umwelt verschmutzen.

The new product is supposed to be much better than the old one.
Das neue Produkt soll viel besser sein als das alte.

G11 ***Verbinde die passenden Satzhälften miteinander.*** **Exercise**

1. Too much alcohol is thought	to be very intelligent.
2. It is believed that the accident	to be bad for your health.
3. Dogs are said	to be an excellent cook.
4. Nuclear energy is thought	was caused by Sam.
5. Sandy is known	to be dangerous.

Abschlusstest

a) Setze die richtige Passivform ein.

1. I was invited *(invite)* to Jane's party last weekend.
2. Tony can't use his computer at the moment. It is beeing repaired *(repair)*.
3. Look! All these shirts .... *(iron)*.
4. Don't worry! Your room will be cleaned *(clean)* very soon.
5. These flowers are watered *(water)* every day.
6. This book was publishes *(publish)* in 2008.
7. Paper is made *(make)* from wood.
8. Ann and Robert were seen *(see)* together in town yesterday.
9. Our house was broken *(break)* into last month, but nothing was stolen *(steal)*.
10. English is spoken *(speak)* all over the world.
11. Tomatoes are thought *(think)* to be very healthy.
12. I saw a car accident yesterday. Four people were taken *(take)* to hospital.

b) Übersetze ins Englische.

1. Das Auto musste verkauft werden.

   ....

2. Man denkt, dass dieses Gedicht sehr alt ist.

   ....

3. Der Brief wurde mir gezeigt.

   ....

4. Fotos können per E-Mail versandt werden.

   ....

5. Ihr wurde eine sehr gute Stelle in unserem Unternehmen angeboten.

   ....

Lösungen

Kapitel A

A1 Seite 7

1. Gegenwart/Präsens/Present; Zukunft/Futur/Future
2. Vergangenheit/Past

A2 Seite 9

1. Past Perfect Simple und Past Perfect Progressive
2. Im Gegensatz zum Deutschen steht nach dem Einführungssatz (vor *that*) kein Komma.

A3 Seite 10

1. c) Alan told me that Tom *went* to a football match every Sunday.
2. a) John exclaimed that it *was starting* to rain.
3. c) Mrs Jones told us that Lisa *had gone* out.
4. c) Susan said that the weather *had been* great yesterday.
5. a) und b) Nora told me that Berlin *is/was* the capital of Germany.

A4 Seite 11

1. My mother said that I *should* go to bed a bit earlier.
2. Jim said that he *must/had to* be home by 10 pm.
3. Bill said Mr Brown *must* be very happy as he won the national lottery the week before.
4. My mother said that I *ought* to get my hair cut.
5. Susie said she *could* help me.

A5 Seite 12

In diesem Beispiel muss ***I*** zu ***he*** werden, denn Tom spricht ja nicht mehr selbst; ebenso wird logischerweise ***you*** zu ***me***, denn **ich** berichte, was Tom über **mich** gesagt hat.

A6 Seite 12

1. Ruth said that she would tell Susan to give me a call.
2. My sister Patricia told me that she had been washing dishes since 7 o'clock.
3. Paul said that he was reading a very exciting detective story and added that he would have finished it by Thursday.
4. My dad complained that my brother had been talking on the phone for almost half an hour.
5. Sarah said that she had always liked classical music.
6. Mike told me that he had never heard such nonsense.
7. Norman said that they had just been getting ready to go to bed when the water pipe had burst.

Seite 14 A7

direkte Rede	indirekte Rede
today	that day
yesterday	the day before
tomorrow	the next day, the following day
now	then, at that point
next week	the following week
next year	the following year
last night	the previous night, the night before
last month	the previous month, the month before
a week ago	a wek before
a year ago	a year before

Seite 15 A8

1. Chris said that he had met David when he had been at the party the week before.
2. Pam said that they were going to Greece the following week.
3. Barbara told me that she had gone to Oxford to do some shopping the day before yesterday/on Monday.
   (*Das Einkaufen fand am Montag statt; von Mittwoch aus gesehen ist Montag „vorgestern“.*)
4. Mr Anderson said that he hated being in the classroom when it was so sunny outside.
5. Thomas said that they were going to the zoo today.
   (Sie gehen am Samstag zum Tierpark, also „heute“.)

Seite 16 A9

Beispiele für weitere Fragewörter: what, which, why
Subjekt – Prädikat – Objekt

Seite 16 A10

1. Falsch. My father asked me when *I had got* to Tom's house.
2. Falsch. Uncle David wanted to know if I *was* looking forward to the holidays.
3. Richtig.
4. Falsch. The old lady asked me where *the nearest post office was.*
5. Falsch. Mrs Robinson asked me *if/whether I took* sugar in my tea.

Seite 17 A11

Verb des Befehlens oder Bittens + Objekt + *not* + Infintiv mit *to*

Seite 18 A12

1. The teacher told us to stop behaving like little children.
2. Jane warned me not to tell Samantha what she had said.
3. My dad asked me to make him a cup of tea.
4. Paul told me not to leave before he got back.
5. Neil told me not to be so nosey.

Seite 19 A13

1a, 2b, 3b, 4a

A14 *Seite 19*

1. Mandy asked me what I wanted.
2. Norma said (that) she would ask him.
3. Mike said (that) he didn't know what he should do/what to do.
4. I asked him if/whether he could come with me/us.

Abschlusstest Seite 19

Mr MacTavish: What did you say to Heather?
Mrs MacTavish: First I asked her how she was, and she said that she was fine, but a bit tired. She added that they had been so busy since they had got to Alsdorf that she had hardly had time to relax. Then I asked her if/whether the trip over had been all right. She replied that the train journey hadn't been too bad, but she had been a bit sick on the ferry. Then I asked her to tell me what she had been doing since she had got to Germany. She answered that she couldn't tell me everything, as that would take too long.
Mr MacTavish: Thank goodness!
Mrs MacTavish: Don't be so mean! Well, Heather then said that the day before yesterday they had gone sightseeing in Aachen, and three days ago they had gone to Cologne to see the cathedral. She added that today they were going to play volleyball against the local youth team. I replied that that sounded like a lot of fun. Then I asked if the people she was staying with were nice. Heather said that they were very friendly and (that) their English was very good. Then I asked her about the German food and if she liked it. She said that it wasn't too bad, but she prefers/preferred Scottish food. Then I said that I would call her back at the same time on Monday.
Mr MacTavish: Oh, our poor telephone bill!

Kapitel B

B1 *Seite 23*

1. come, have, make, take, write; entfällt
2. begin, dig, run, sit, stop; verdoppelt
3. die, lie; -y
4. prefer, occur; verdoppelt
5. travel, control; verdoppelt

B2 *Seite 24*

1. becoming
2. buying
3. fulfilling
4. getting
5. giving
6. hitting
7. meeting
8. preferring
9. putting
10. quarrelling
11. rising
12. saying
13. selling
14. shooting
15. stirring

Seite 25 **B3**

1. Running is bad for the joints.
2. Drinking alcohol and smoking are unhealthy.
3. Skiing and boxing can be dangerous.
4. Dancing is very popular.
5. Playing chess is the best sport for me.

Seite 27 **B4**

Mögliche Lösungssätze:
1. Andy suggested taking a taxi.
2. Sue wants to give up smoking.
3. Can you imagine living in the USA?
4. I dislike walking in the rain.

Seite 27 **B5**

Mögliche Lösungssätze:
1. I enjoy meeting my friends.
2. I dislike going to the dentist.
3. I can imagine living in New Zealand.
4. I would like to give up eating sweets.
5. I try to avoid making mistakes.

Seite 28 **B6**

Bob: Did you have any difficulty *in getting* here?
Mary: ... that we had no hope *of finding* you. ... that it was no reason *for getting* into a panic, ... there was no way *of contacting* you. We knew this would be our last opportunity *of seeing* you ... we didn't want to run the risk *of missing* you. ... , but soon we were in danger *of getting* ...

Seite 29 **B7**

Peter was not interested *in* working ... Although he wasn't bad *at* speaking ..., he was really good *at* playing football, and he was not at all fond *of* doing ... After five minutes, he always got tired *of* sitting ... He wasn't afraid *of* getting ..., because he was keen *on* becoming ... All day long, Peter dreamt of becoming famous *for* scoring goals.

Seite 30 **B8**

Charlie Parker ... thought *of robbing* a bank, ... He specialized *in cracking* safes, but he believed *in doing* everything all by himself, ... He dreamt *of becoming* a millionaire ... First he concentrated *on making* a perfect plan. ..., she tried to prevent him *from carrying out* his intentions, but Charlie insisted *on trying* to rob the bank anyway. He was relying *on finding* a safe full of money ...! ..., Charlie soon succeeded *in getting into* the bank ... Although he usually didn't worry *about getting caught*, ... He was accused *of breaking* into the bank, ... His wife blamed him f*or trying* to be too clever. ..., she complained *about not having* enough money to pay the rent.

Seite 32 **B9**

1. Präposition
2. Teil eines Infinitivs
3. Präposition
4. Teil eines Infinitivs
5. Präposition

B10 Seite 33

1. Falsch. Peter objects to *being* told ...
2. Richtig.
3. Falsch. I had to *tell* her the truth.
4. Falsch. John is accustomed to *getting* up early.
5. Falsch. We used to *play* together ...
6. Richtig.
7. Richtig.

B11 Seite 34

Lösungsvorschlag:
Lisa: Do you feel like going to the cinema, Heather?
Heather: Well, I don't mind watching a film, but I'll have difficulties understanding everything.
Lisa: Oh, I see. What about/how about going to the disco then?
Heather: That's a good idea. I think it's good/great fun watching the people there.
Lisa: Yes, that's true. But there's no point in going there too early.
Heather: I agree. I can't stand hanging around in empty discos.
Lisa: What about/how about having an ice-cream first?
Heather: Oh yes. Let's go there now.

B12 Seite 36

Abgesehen davon, dass er zu viel isst, bewegt er sich auch nicht genug.
Dadurch, dass ich die andere Straße genommen habe, kam ich eine halbe Stunde früher bei Tom an.
Konstruktion im Deutschen: Nebensatz mit „dass".

B13 Seite 36

1. In spite of getting up too late, Mr Clark caught the train.
2. After falling asleep on the train, he almost missed his stop.
3. But before arriving at the station, the train suddenly stopped, and Mr Clark woke up again.
4. After looking through all his pockets, he finally found his ticket.
5. Without thinking, he quickly got off the train.
6. On reaching the office, he noticed that he had left his briefcase on the train.
7. Instead of starting work, he had to go and try to find his briefcase.

B14 Seite 37

Im ersten deutschen Satz gibt es ein Subjekt (Fred), im zweiten Satz gibt es zwei Subjekte (Fred/ich).

B15 Seite 37

1. Tony objects to our smoking a lot of cigarettes.
2. Jane doesn't like Bob's coming home late every night.
3. Dave is looking forward to the school holidays starting next week.
4. Her boss doesn't mind her missing the bus every other morning.
5. I remember your telling me that last week.

B16 Seite 38

1. Ich mag es nicht, dass er so schnell fährt.
2. Ich kann mir nicht vorstellen, dass sie rosa und blaue Strümpfe trägt.
3. Jim verlässt sich darauf, dass John ihn montags zur Arbeit fährt.

B17 Seite 40

1a, 2b, 3a, 4b

Abschlusstest
Seite 41

1. I am used to *being told* that I am lazy.
2. You should be out in the sun instead of *listening* to CDs in your room!
3. I can't stand *eating* hamburgers!
4. Parents talk *about passing* exams and nothing else.
5. We were too busy *playing* football to notice that it was raining.
6. Rita stopped *to pick up* the coin that someone had dropped.
7. John saw no reason *for not believing* Susan.
8. Jill is looking forward *to going* to the pictures tonight.
9. She suggested *ordering* coffee, as the tea was terrible.
10. Stop *making* that noise! I can't concentrate *on doing* my homework!
11. Veronica is really good *at playing* the piano.
12. I love *walking* in the rain, in spite of the danger *of catching* a cold.
13. I can't help *thinking* that it is very unfair.
14. I couldn't prevent her *from staying* out late even if I wanted *to do* so.
15. Miriam really dislikes *washing* the dishes.
16. There's Tim. He's really famous *for getting* into trouble.
17. Would you like *to go* to the party with me tonight?
18. He forgot *to tell* his mother that his father had called.
19. Imagine *being* in sunny Los Angeles today!
20. He tried *to get* to the top of the mountain, but he didn't succeed *in doing* so.
21. Peter certainly doesn't believe *in working* hard.
22. I'll never forget *seeing* Bruce Springsteen's concert in Düsseldorf in 2008.
23. Remember *to take* your sandwiches with you.
24. I'm tired *of working*. I think I'll go to bed.
25. I used *to be* good *at running*, but now I'm not keen *on training* on cold winter nights.

Kapitel C

Seite 44 C1

(to) be able to ist eine Ersatzform für *can/could*
(to) be allowed to ist eine Ersatzform für *may*
(to) have to ist eine Ersatzform für *must*

Seite 45 C2

1. When Sarah was a child, she was not allowed to eat too many sweets.
2. I've got toothache. I must go to the dentist's.
3. Shall I open the window?
4. My car is very dirty. I ought to wash it.
5. You needn't come if you don't want to.

Seite 46 C3

1. Let me do that, please.
2. He can't make you stay (force you to stay) at home.
3. I'd (I would) rather stay in bed in weather like this.
4. The teacher let us go home an hour earlier/early.
5. My friend made me wait for him for two hours yesterday.
   (Beachte, dass man im Englischen for him *hinzufügen muss.)*
6. I'd (I had) better hang up now/put the phone down now, my mother is coming.
   (Beachte die Verlaufsform: Die Mutter kommt jetzt gerade!)

C4 Seite 47

(to) see	sehen	*(to) watch*	betrachten
(to) notice	bemerken	*(to) hear*	hören
(to) observe	beobachten	*(to) feel*	spüren, fühlen

C5 Seite 48

1. I watched the old man *stop* outside the shop, *look* at the window, then *disappear* inside.
   (Beachte: Bei einer Reihenfolge werden die ganzen Vorgänge wahrgenommen – deswegen steht der Infinitiv.)
2. Tom told me he had heard Peter *playing* the guitar.
   (In einem solchen Satz wird nicht betont, dass man den Vorgang von Anfang bis Ende wahrnimmt, sondern dass man an einem bestimmten Punkt den Vorgang wahrnimmt. Deshalb steht das Partizip Präsens.)
3. I noticed someone *trying* to break into our neighbours' house.
4. It was so hot that I felt my head *burning.*
5. I watched the old lady *cross* the road although lots of cars were coming.
6. I heard my mother *say* that she had a surprise for us.
7. The policeman said, "I observed the young man *stop* outside the bank, *pull* out a mask, then quickly *go* in."
8. The old lady was heard *to say* that all drivers were crazy.

C6 Seite 50

1. *To emigrate* to Australia at his age was very adventurous.
2. I normally love *sitting* in the sun, but today it's so hot that I'd prefer *to stay* indoors.
3. *Watching* too much TV is bad for your eyes.
4. *Playing* tennis is all right, but I prefer *reading* books.

C7 Seite 51

1. a) Shall we go to the cinema tonight, or would you prefer to go for a walk?
   Es handelt sich um eine konkrete Situation (Plan für heute Abend).
2. b) I hate having to stand in queues.
   Es handelt sich um eine allgemeine Aussage.
3. a) To race through those narrow streets in a sports car would be crazy.
   Es handelt sich um eine konkrete Situation (das Fahren durch diese engen Straßen).

C8 Seite 52

1. I didn't run fast enough to win the race.
2. The baby is too young to talk.
3. He plays tennis well enough to be a professional tennis player.
4. Her boyfriend looks old enough to be her father.
5. Dad is too busy to play with us now.
6. Tom is too clever to believe a story like that.

C9 Seite 53

1c: Before the exchange visit, Lisa and Heather wrote letters to each other to (in order to/so as to) get to know each other better.
2e: The German and Scottish teachers arranged lots of exciting things to (in order to/so as to) make the exchange visit as much fun as possible.
3f: Heather went to Germany to (in order to/so as to) improve her German.
4b: Mrs MacTavish rang up her daughter to (in order to/so as to) ask her how she was.

Fortsetzung Seite 53

5d: Heather and the other pupils went to Cologne to (in order to/so as to) see the cathedral.
6a: After her visit to Germany, Heather wrote a letter to her exchange partner Lisa and her family to (in order to/so as to) thank them.

Seite 54 C10

Der Mann, mit dem du sprechen solltest, heißt Herr Smith.
Im Deutschen wird ein Relativsatz verwendet.

Seite 55 C11

John was the only person who did not bring a present.
John war der Einzige, der kein Geschenk mitgebracht hat(te).

Seite 56 C12

1. The man to vote for is Mr Booth.
2. My little girl needs somebody to play with.
3. Jack was the only runner not to finish the race.
4. Have you got a piece of paper to write your phone number on?
5. The highest skyscraper in the USA is to be found in Chicago.
6. I am looking for somebody to do my work for me.
7. I want to be the first person to congratulate you on your birthday.
8. One of the most difficult languages to learn is Chinese.

Seite 57 C13

I forgot how to turn off the washing machine.
Ich habe vergessen, wie man die Waschmaschine ausschaltet.
I forgot to turn off the washing machine.
Ich habe vergessen, die Waschmaschine auszuschalten.

Seite 58 C14

1. I don't know who to invite.
2. I'm not sure which dress to put on.
3. Do you know how to open this window?
4. Please tell me where to put the cupboard.

Seite 58 C15

1. Tom didn't know what to do.
2. Can you tell me when to be there?
3. He taught his little sister (how) to play football.
4. I had forgotten to take the tickets with me.
5. I have no idea how to get home.

Seite 59 C16

1. Susan
2. David will, dass Susan einkaufen geht.
3. Einen Nebensatz mit „dass“.

Seite 62 C17

1. I advised *him to stay* at home.
2. Our teacher considers *Robin to be* very intelligent.
3. I hope *(that) you're not* angry at me.
4. I've never known *Wendy to get up* so early.
5. My boss expected *me to work* on Saturday.

Fortsetzung Seite 62

6. My mother doesn't allow *us to go* to the cinema on our own.
7. I want *you to write* the letter today.
8. I recommended *her to go* to the police.

C18 *Seite 63*

Aus dem Objekt des Aktivsatzes (*me, the weather*) wird das Subjekt des Passivsatzes. Dieses wird an den Satzanfang gestellt und ggf. umgeformt (aus *me* wird *I* usw.). Außerdem wird das Verb ins Passiv gesetzt (*was told, is expected*).
Der Infinitiv mit *to* wird auch im Passivsatz verwendet.

C19 *Seite 64*

1. We were forced to leave our hotel room in the middle of the night.
2. The man was ordered to show his passport.
3. He was always thought to be very rich.
4. My father was advised (by the doctor) to give up smoking.
5. He is said to have a house in the South of France.

C20 *Seite 64*

1. Richtig.
2. Richtig.
3. Falsch. We were told *to leave* our bags here.
4. Falsch. I was expected *to look* after the two children.
5. Falsch. He *was advised* not to come by car.

C21 *Seite 65*

1. Tom and Jenny were waiting for the concert to begin.
2. The water was too hot for me to touch.
3. Peter was looking for some matches to light the fire with.

C22 *Seite 66*

Im ersten Satz möchte ich selbst fahren (Aktiv), im zweiten Satz möchte ich gefahren werden (Passiv).

C23 *Seite 67*

There was nothing to be seen.

C24 *Seite 67*

1. Passiver Sinn. There was nothing *to be heard.*
2. Passiver Sinn. The Queen is often *to be seen* with her dogs.
3. Aktiver Sinn. It's nice *to see* you again.
4. Passiver Sinn. When there's something to be done, my brother is nowhere *to be found.*

Abschlusstest Seite 68

a)
It was announced last night that Government plans *to build* a new motorway ... an enquiry should *be* set up ...
"The Government ought *to act* immediately *to put* a stop to this nonsense," ... "We simply cannot *go on* trying *to make* nature *do* what we want her *to do.* We must *realize* that ... We want future generations *to be able to enjoy* the countryside, too." The environmentalists intend *to present* a petition ... The Government fears that it will be forced *to abandon* its plans ... Supporters ... insist that the Government should not *allow* pressure groups *to influence* its decisions.

Fortsetzung
Seite 68

b)
1. I want you *to finish off* this exercise for homework.
2. ... Have you tried *taking* a hot bath?
3. They warned us *not to be* late for dinner.
4. I can't get used to *wearing* these new glasses.
5. I didn't expect *to meet* you here.
6. I'm looking forward to *seeing* our brand-new car.
7. How long do you intend *to stay/staying* here?
8. John suggested *going* for a walk, but I said that I was too tired *to go* with him.
9. I hope *to see* you again soon.
10. I'd love *to come* with you to the party, but I've got far too much work *to do*.

Kapitel D

Seite 70 **D1**

(to) let; *(to) leave*; *(to) let* + Objekt + Infinitiv ohne *to*

Seite 71 **D2**

1. *Let* me have a look!
2. Where did you *leave* the CDs? I *left* them lying on the table.
3. *Leave* me alone!
4. Does your sister *let* you use her make-up?
5. *Leave* the door open – it's far too hot in here.
6. My mum *let* me try out her new car last night – it was super.
7. Brian broke his arm yesterday, but he says he doesn't *let* little things like that worry him.
8. We were *left* standing outside while Emma made a long phone call.

Seite 72 **D3**

Bei *allow* und *permit* folgt der Infinitiv mit *to*, bei *let* folgt der Infinitiv ohne *to*.
(to) let + Objekt + Infinitiv ohne *to*
(to) allow + Objekt + Infinitiv mit *to*
(to) permit + Objekt + Infinitiv mit *to*

Seite 73 **D4**

1. Richtig.
2. Falsch. On the class outing the pupils were allowed *to play* cards till midnight.
3. Richtig.
4. Falsch. My sister never lets me *read* her books.
5. Falsch. We were not *allowed/permitted* to play in the park.

Seite 74 **D5**

1. My mother *makes me wash* my own dirty socks.
2. I'll *have my secretary type* the letter quickly.
3. At sports today *we were made to run* 10 kilometres.
4. His parents *make him do* the washing-up every day. He hates it!

Seite 75 **D6**

Um das *Past Participle* bzw. die 3. Form bei den unregelmäßigen Verben.

D7 Seite 75

1. a) We are having new windows *put* in.
2. b) He had his car *repaired* last week.
3. c) Sue had to go to the dentist to have a tooth *taken* out.
4. a) I'm having a copy of the letter *sent* to you.
5. c) She had her hair *done* yesterday.

D8 Seite 76

1. He has his laces tied for him.
2. He has his fingernails cut for him.
3. He has his hair washed for him.
4. He even has his teeth brushed for him.

D9 Seite 76

1. You can have your tooth filled at the dentist's. –
   Beim Zahnarzt kann man sich einen Zahn füllen lassen.
2. You can have your hair cut at the hairdresser's. –
   Beim Friseur kann man sich das Haar schneiden lassen.
3. You can have your eyes tested at the optician's. –
   Beim Optiker kann man sich die Augen prüfen lassen.
4. You can have your holiday booked (for you) at the travel agent's. –
   Im Reisebüro kann man sich den Urlaub buchen lassen.

D10 Seite 77

Lösungsvorschlag:
Helga makes Hägar take out the rubbish and get some fresh rolls and some bread for her. She makes him clean the windows and she gets him to mend a chair. She then forces him to prepare lunch and makes him clean the dishes afterwards. When he leaves some pots dirty, she has him clean them and then scrub the copper pots until they shine like new. Hägar is more than glad when Helga leaves him alone in the afternoon to have tea with a friend.

Abschlusstest Seite 78

Tim: Hello Bob. My parents are letting me go skiing with you after all. So now I have to have my ski-bindings adjusted and get everything packed. Have you had your skis waxed or are you leaving them as they are? Don't leave your snowboard at home!
Bob: Great that you are coming with us. How did you manage that?
Tim: I did everything my mother wanted me to. She had me tidy up the cellar, made me hoover my room, wash the car and I had to go shopping, but now she's satisfied.
Bob: Will you let me try out your new snowboard?
Tim: Sure. If you don't make me clear away all the snow by myself again and if you don't keep us waiting at dinner – o. k.?
See you tomorrow. Bye.

Kapitel E

Seite 80 E1

1. a jockey
2. a university
3. an EU regulation
4. a hero
5. a unit
6. a year
7. a* historical character
8. a jury
9. an oven
10. a useful idea
11. an astronaut
12. a uniform
13. an urgent message
14. an honour
15. a* hotel
16. a youth hostel
17. a huge building
18. a UEFA committee
19. a harbour
20. a jacket

* *Manche Engländer sagen hier auch* an, *wobei das anfängliche „h" im nächsten Wort oft nicht ausgesprochen wird.*

Seite 81 E2

1. Sandra is an English teacher.
2. Jean is a Frenchman.
3. I'd like to be a politician.
4. He is a Catholic.

Seite 82 E3

1. *As a young girl* Sarah often went to the swimming pool in summer.
2. *As President of the United States* he has to work very hard.
3. *As a child* I didn't have much money.
   Bei Satz 2 wird kein Artikel verwendet, da es immer nur einen Präsidenten der Vereinigten Staaten gibt.

Seite 83 E4

1. 30 Meilen pro/in der Stunde
2. einmal pro/in der Woche
3. 80 p pro/je Tasse
   Der unbestimmte Artikel *a/an* wird in solchen Fällen übersetzt mit „pro/je" bzw. „im/in der".

Seite 85 E5

1. Falsch. I've got *(some) good news* for you.
2. Falsch. I've got *a new pair of jeans.*
3. Richtig.
4. Falsch. Jerry often wears a red t-shirt and *blue shorts/a blue pair of shorts.*
5. Falsch. This is *a very useful piece of information.*

E6 Seite 86

wood	Holz	*a wood*	ein Wald
iron	Eisen	*an iron*	ein Bügeleisen
stone	Stein	*a stone*	ein Stein
paper	Papier	*a paper*	eine Zeitung
cloth	Stoff	*a cloth*	ein Lappen
glass	Glas	*a glass*	ein Glas
tea	Tee	*a tea*	eine Tasse Tee
coffee	Kaffee	*a coffee*	eine Tasse Kaffee

E7 Seite 86

... sat down for *a* rest when she heard *a* loud ring ... to find *a* huge man with *a* bowler hat and *a* very strange *pair of* glasses. "... I'm ... *President* of the Birdswell Corporation," he said with a smile. "And I'm *an* astronaut," ... "you're just *a* salesman." "I'm here today to give you *some* information ..." "I get *a* dozen salesmen here a day," ... "But nobody has *a* product as versatile as the Kirkbee" ... "I've just made myself *a* coffee ..." "You've just made me *an* offer ... And I would like to make you *an* even better offer ..." ... "It looks like *a* vacuum cleaner" "... it can pull *a* mouse out of *a* mousehole," ... "... If you want to iron *jeans* ..." "You mean it's *an* iron, too?" ... "you'll never need *scissors* again ... if you want to paint *a* fence ... it becomes *a* beautiful *piece of* furniture... only £45 *a* week ... if your husband is *an* MP, *a* judge or *Chief of Police*, we give you *a* reduction of £10!" ...

E8 Seite 88

Der unbestimmte Artikel steht nicht *vor*, sondern *nach* den folgenden Wörtern.

E9 Seite 88

Weil es sich um unzählbare Substantive handelt (vgl. auch S. 83).

E10 Seite 88

1. What an opportunity/a chance.
2. He earns quite a lot.
3. That was quite/rather a surprise.
4. What (good) luck!*
5. In such a situation you have (got) to run away quickly.
6. What a pretty dress!
7. It was such a boring film that I fell asleep.
8. I'd like half a dozen eggs.

* *Beachte: Hier steht kein Artikel, weil* luck *unzählbar ist.*

E11 Seite 90

Im ersten Satz handelt es sich um das Leben ganz allgemein, im zweiten Satz wird *life* **näher definiert:** Es handelt sich um das Leben des Robinson Crusoe.

E12 Seite 90

1. Allgemein. How does air pollution affect our surroundings?
2. Näher bestimmt. *The* sea was rather rough when we crossed from Dover to Ostend yesterday.
3. Allgemein. Society has changed a lot in the last fifty years.
4. Allgemein. Mr Marsh is a sailor and he's at sea most of the year.
5. Näher bestimmt. *The* work I'm doing right now is quite interesting.
6. Allgemein. „It's not fair! While I'm at work you can lie in bed."

Seite 92 **E13**

1. I'd like to go to university when I've finished school.
2. They go to mass in *the* cathedral every Sunday.
3. I can't go to *the* cinema tonight, I've got to do a lot of homework for school tomorrow.
4. "Let's go to *the* church and have a look at the famous statues."
5. The young man was sent to prison for setting fire to *the* school.
6. Mrs Davidson has to go to *the* hospital to visit her husband very day.

Seite 92 **E14**

Lösungsvorschlag:
Allgemein: I always brush my teeth after breakfast.
Näher bestimmt: The breakfast I had today wasn't very good.

Seite 93 **E15**

1. *The* first Monday in August is a Bank Holiday in Scotland.
2. John has invited me to *the* cinema ... we're going to have dinner ...
3. ... Breakfast is getting cold and you're going to be late for school.
4. *The* Saturday after we last spoke, I ... had to be taken to hospital.
5. I'll never forget *the* dinner we had last Christmas.
6. What's for dinner, Dad? ...

Seite 96 **E16**

Lösungsbeispiel:
There's a TV guide on top of the TV in the living room.
Auf dem Fernseher im Wohnzimmer liegt eine Fernsehzeitschrift.

Seite 96 **E17**

1. Careful. The dogs here are very dangerous.
2. The water is very cold today.
3. The tickets for the concert were very expensive.
4. Petrol has got more expensive yet again/once again.
5. Young people often like loud music.
6. The insects here are rather annoying.
7. Ants are very useful insects.
8. The old people in the village must/have to work very hard.
9. Freedom means everything to him.
10. The coffee in the hotel was always cold.

Seite 99 **E18**

1. the United Kingdom
2. the Houses of Parliament
3. Big Ben
4. Nelson's Column
5. the Lake District
6. Loch Less
7. the Isle of Skye
8. the MacArthurs
9. Dr MacArthur
10. Ben Nevis

Seite 99 **E19**

Bei *all, both, double, half* wird im Englischen der bestimmte Artikel nachgestellt.

E20 *Seite 100*

1. b) I was in the garden *most of the* time.
2. a) *Most* children like ice-cream.
3. c) I bought this pullover yesterday for *half the* price.
4. a) My brother always eats *double the* amount.
5. a) *Most of the* English I have ever met are interested in music.

E21 *Seite 101*

Bei Körperteilen steht im Englischen das Possessivpronomen/der Possessivbegleiter (*my, your, his, her* usw.) anstelle des bestimmten Artikels im Deutschen. Dasselbe gilt für Kleidungsstücke.

E22 *Seite 102*

1. He broke his arm.
2. The old man had his hands in his pockets.
3. Sandra put on her new jeans.
4. He shook my hand.
   (*Beachte: Auch möglich wäre hier:* He shook me by the hand.)
5. I put on my coat, as/because it was cold outside.
6. Miriam closed her eyes.

Abschlusstest *Seite 103*

a)

1. Although I am *an* American, I only go back to America once *a* year.
2. As *a* child I used to go to the zoo every Sunday.
3. It was rather *a* boring film.
4. The children like playing in *a* wood near their home.
5. Professor Higgins is *a* famous scientist.
6. I'd like *some* information on flights to New York, please.
7. I've been waiting for you for half *an* hour!
8. Petrol is now almost 95p *a* litre.
9. I need *a* new *pair of* jeans/I need new jeans – ...
10. What nonsense! I couldn't have been going at 85 miles *an* hour!

b)

1. *The* women in this part of *the* world have to work much harder than *the* men.
2. I don't like Mondays, as I've got to get up early for school.
3. I've got a friend who is in *the* Antarctic ...
4. Tina put on *her* favourite dress for *the* party.
5. I spent half *the* morning putting up ...
6. Mrs Parkins gets to *the* office by bus.
7. I'm going to *the* cinema with Jill on Saturday.
8. Professor Leblanc comes from Switzerland.
9. *The* policeman injured *his* hand when he tried to save *the* woman from the gunman.
10. *The* Watsons have a lovely little antique shop in *the* High Street.
11. There was a notice at *the* zoo saying, "Do not feed *the* animals."
12. Most of *the* girls I know ...
13. *The* death of Dr Fisher came as a shock ...
14. After lunch, Mum and Dad like to sit down and read *the* paper.
15. Water is a luxury in *the* desert.

Kapitel F

Seite 106 F1

Auf den ganzen Satz: *This year we had daffodils in February.*

Seite 107 F2

1. I didn't have to do any homework yesterday, which doesn't happen very often.
2. We didn't manage to get tickets for the concert, which was a great pity.
3. In Britain you can get married when you're 16, which I think is crazy.
4. My dad left the lights of the car on, and when he went to start it the battery was flat, which was a nasty surprise.
5. He says he has given up smoking, which is hard to believe.

Seite 108 F3

1. Is it true that people who live in Bavaria like drinking beer?
2. The British Prime Minister, who has been ill recently, is thinking of retiring.
3. The policeman who caught the murderer was treated like a hero in the village.
4. The car that he tried to sell me was a wreck.
5. People who don't smoke usually live longer than people who do smoke.
6. Lynn's grandmother, who is 85, still rides a bike every day.
7. My brother Tony, who is two years younger than I am, isn't allowed to go out with girls.
8. I have a TV in my bedroom, which is the cosiest room in the house.

Seite 109 F4

Satz 1 (mit Komma): Ich habe nur eine Uhr und die ist kaputt.
Satz 2 (ohne Komma): Ich habe mehrere Uhren und gerade die, die genau ging, ist kaputt.

Seite 109 F5

1b, 2b, 3a

Seite 110 F6

1. Objekt
2. Objekt
3. Subjekt
4. Objekt

Seite 112 F7

1. Richtig.
2. Falsch. I know somebody *who/that* ...
3. Falsch. The people *who/that* ...
4. Falsch. The pen *which/that* ...
5. Richtig.

Seite 113 F8

1. There's a shop near here which sells really nice cakes.
2. The homework our maths teacher has given us for the weekend is really hard.
3. The sweets I like best are always sold out!
4. The man who lives next door to us is a doctor.
5. Environmental pollution is a problem mankind must solve.
6. The thing that surprised me most of all was that he passed his driving test at the first attempt.
7. The excuse you gave me for turning up late was just ridiculous.

F9 Seite 113

Im nicht notwendigen Relativsatz wird das Pronomen *that* nicht verwendet.

F10 Seite 114

1. My Uncle Bruce, who lives in Australia, calls (phones) us (up) every Sunday.
2. The delivery (which) I waited for all day (the whole day) didn't come.
3. My favourite TV programme, which is called "The Hospital in the Bavarian Forest", is on every Sunday.
4. The hailstorm, which lasted only three minutes (*oder:* which only lasted three minutes), destroyed the whole town.

Bei Satz 2 ist der Relativsatz notwendig.
Es dürfen keine Kommas gesetzt werden und das Relativpronomen kann weggelassen werden.

F11 Seite 115

Im englischen Relativsatz wird die Präposition normalerweise nachgestellt.

F12 Seite 115

1. with
2. to
3. at
4. for
5. from

F13 Seite 116

1. This is the man I have been looking for.
2. This is the film Jill has been looking forward to.
3. This is the lady we live next door to.
4. Here are some magazines you can have a look at.

F14 Seite 117

1. The world, which *he knows so little about,* is a great adventure for him.
2. The baby I *had to look after* last night was only a few weeks old.
3. The boy that *she got the card from* is in her class.

F15 Seite 118

1. b) This is the man *whose* car has been stolen.
2. b) I would like to talk to the girl *who* is sitting over there.
3. a) Yesterday I met a boy *whose* mother comes from China.
4. c) This is the house *whose* owners moved to the United States last month.
5. c) Please send me a copy of the letter *that* you got from Jane.

F16 Seite 118

1. The last time (that) I was in England, there was a rail strike.
2. The artist who (that) was awarded first prize in the competition is very talented.
3. I tried out the recipe (that, which) you gave me, but I'm afraid it didn't quite work out.
4. The flowers (that, which) you sent me are really beautiful.
5. The people who (that) live in this part of the world live to a ripe old age.
6. The tourist whose wallet was stolen had to end his holiday a week earlier than planned.
7. The painting (that, which) they were so proud of turned out to be a forgery.
8. The man (that, who) I gave my money to wasn't the milkman, but a crook.

Seite 120 F17

1. All that remains to be done is to pack up and go home.
2. This is the first time (that) I have been abroad.
3. Is that all (that) you want to eat?
4. Have you got everything (that) you need?
5. That was the best match (that) I have ever seen.
6. Is there anything else that needs to be done?

Bei den Sätzen 1 und 6 darf *that* nicht wegfallen, weil das Relativpronomen hier Subjekt des Relativsatzes ist.

Abschlusstest Seite 120

a)
1. There are a lot of countries which (that) do not allow you to enter them without a visa.
2. The doll (which, that) you gave our little girl for Christmas is now her favourite toy.
3. Are you the man whose house has been burgled?
4. The new neighbours turned out to be the family (that, which, who, whom) we had met on holiday in Turkey last year.
5. She didn't understand what I was trying to say to her.

b)
1. All I want you to do is to ask her for her phone number for me.
2. Steven, who I was talking to the other day, is going to Egypt on holiday next week.
3. That was the worst thing you could possibly have said.
4. The new video camera my dad bought yesterday must have been very expensive.
5. The murder weapon, which was an old Smith and Wesson, was found near the scene of the crime.

c)
1. The song which she keeps singing really annoys me.
2. The Queen, who only recently returned from the royal tour of New Zealand, is spending the summer break in Scotland.
3. There are lots of students at this university who have to work to pay for their studies.
4. My teacher told me to find Mr Atkins, which is easier said than done.
5. The train which has just arrived is the one my uncle is on.

d)
1. Falsch. The President of the USA, who is at present in Germany on a state visit, will attend a special dinner in Berlin tonight. *(mit Kommas)*
2. Richtig.
3. Falsch. Toby and Mark, *whose* father is a doctor, are always ill.
4. Falsch. Jane looks really funny in the picture that I took of her. *(ohne Komma)*
5. Richtig.

Kapitel G

Seite 122 G1

Das Passiv wird mit einer Form des Verbs *(to) be* und dem *Past Participle*/der „dritten Form" eines Vollverbs gebildet.

G2 Seite 123

Simple Present	The office *is cleaned* every day.
Present Progressive	The office *is being cleaned* at the moment.
Present Perfect	Look! The office *has been cleaned.*
Simple Past	The office *was cleaned* yesterday.
Past Progressive	The office *was being cleaned* when we arrived.
Past Perfect	The office *had been cleaned.*
Future I	The office *will be cleaned* soon.
Future II (Future Perfect)	The office *will have been cleaned* by tomorrow.
Conditional I	The office *would be cleaned* more thoroughly if we had more time.
Conditional II	The office *would have been cleaned* if you hadn't locked the door.

G3 Seite 124

1. c) This bridge *was built* in the 17th century.
2. b) Look! The trees *have been cut* down.
3. a und b) The letter *must be written/will be written* today.
4. a) Four people *were injured* in the accident yesterday.
5. b und c) My car *is being repaired/has been repaired.*

G4 Seite 124

1. Der erste Satz steht im Passiv, der zweite im Aktiv.
2. Im ersten Satz (Passiv) wird die Handlung (also der Diebstahl) betont. Im zweiten Satz (Aktiv) stehen die Personen (also die Jungen, die einen Diebstahl begangen haben) im Vordergrund.

G5 Seite 125

1. Our washing machine had to be repaired.
2. These houses will be renovated next year.
3. The thief has just been arrested by the police.
4. The meeting was opened by the chairman.
5. This window is being painted at the moment.

G6 Seite 125

1. The meeting was cancelled yesterday.
2. The letter hasn't been written yet.
3. We were woken up by a noise downstairs.
4. The goods will be delivered as soon as possible.
5. This picture was painted by Van Gogh.

G7 Seite 126

1. *Subjekt:* Shakespeare, *Objekt:* "Romeo and Juliet"
   "Romeo and Juliet" was written by Shakespeare.
2. *Subjekt:* More than a hundred million people, *Objekt:* German
   German is spoken by more than a hundred million people.
3. *Subjekt:* My grandfather, *Objekt:* this house
   This house was built by my grandfather.
4. *Subjekt:* Thousands of people, *Objekt:* this exhibition
   This exhibition has been visited by thousands of people.
5. *Subjekt:* The tourists, *Objekt:* lots of photos
   Lots of photos had been taken by the tourists during their stay in New York.

Seite 127 **G8**

1. Falsch. The exercise was explained *to the pupils.*
2. Falsch. *We* were given lots of presents.
3. Richtig.
4. Falsch. The letter *will be sent* to you as soon as possible.
5. Richtig.

Seite 128 **G9**

1. It is said that most children like sweets.
2. It is believed that John would like to work somewhere else.
3. It is thought that sport is good for (your) health.

Seite 129 **G10**

1. Das Subjekt des Nebensatzes *men* wird an den Satzanfang gestellt (es wird zum Subjekt des Hauptsatzes). Die Konjunktion *that* entfällt, stattdessen wird der Rest des Satzes mit einem *to*-Infinitiv angehängt.
2. Diese Struktur wird im Deutschen oft durch „angeblich" oder mit „sollen" ausgedrückt:
   Männer werden angeblich doppelt so oft krank wie Frauen.
   Männer sollen doppelt so oft krank werden wie Frauen.

Seite 129 **G11**

1. Too much alcohol is thought to be bad for your health.
2. It is believed that the accident was caused by Sam.
3. Dogs are said to be very intelligent.
4. Nuclear energy is thought to be dangerous.
5. Sandy is known to be an excellent cook.

Abschlusstest
Seite 130

a)

1. I *was invited* to Jane's party last weekend.
2. I Tony can't use his computer at the moment. It *is being repaired.*
3. Look! All these shirts *have been ironed.*
4. Don't worry! Your room *will be cleaned* very soon.
5. These flowers *are watered* every day.
6. This book *was published* in 2008.
7. Paper *is made* from wood.
8. Ann and Robert *were seen* together in town yesterday.
9. Our house *was broken* into last month, but nothing *was stolen.*
10. English *is spoken* all over the world.
11. Tomatoes *are thought* to be very healthy.
12. I saw a car accident yesterday. Four people *were taken* to hospital.

b)

1. The car had to be sold.
2. It is thought that this poem is very old./This poem is thought to be very old.
3. The letter was shown to me./I was shown the letter.
4. Photos can be sent by e-mail.
5. She was offered a very good job/position in our company.

Liste der unregelmäßigen Verben

Infinitive	*Simple Past*	*Past Participle*	**Übersetzung**
be	was	been	sein
beat	beat	beaten	schlagen
become	became	become	werden
begin	began	begun	anfangen
bend	bent	bent	biegen
bet	bet, betted	bet, betted	wetten
bite	bit	bitten	beißen
blow	blew	blown	blasen
break	broke	broken	(zer)brechen
bring	brought	brought	(her)bringen
build	built	built	bauen
burn	burnt, burned	burnt, burned	(ver)brennen
buy	bought	bought	kaufen
catch	caught	caught	fangen
choose	chose	chosen	wählen
come	came	come	kommen
cost	cost	cost	kosten
cut	cut	cut	schneiden
dig	dug	dug	graben
do	did	done	tun; machen
draw	drew	drawn	ziehen; zeichnen
dream	dreamt, dreamed	dreamt, dreamed	träumen
drink	drank	drunk	trinken
drive	drove	driven	fahren
eat	ate	eaten	essen
fall	fell	fallen	fallen
feed	fed	fed	füttern
feel	felt	felt	(sich) fühlen
fight	fought	fought	kämpfen
find	found	found	finden
fly	flew	flown	fliegen
forget	forgot	forgotten	vergessen
forgive	forgave	forgiven	vergeben
freeze	froze	frozen	frieren

Infinitive	*Simple Past*	*Past Participle*	**Übersetzung**
get	got	got	bekommen, kriegen
give	gave	given	geben
go	went	gone	gehen; fahren
grow	grew	grown	wachsen
hang	hung	hung	hängen
have	had	had	haben
hear	heard	heard	hören
hide	hid	hidden	(sich) verstecken
hit	hit	hit	schlagen
hold	held	held	halten
hurt	hurt	hurt	wehtun
keep	kept	kept	behalten
know	knew	known	wissen; kennen
lay	laid	laid	legen
lead	led	led	führen
lean	leant, leaned	leant, leaned	lehnen
learn	learnt, learned	learnt, learned	lernen
leave	left	left	lassen; verlassen
lend	lent	lent	(aus)leihen
let	let	let	lassen
lie	lay	lain	liegen
lose	lost	lost	verlieren
make	made	made	machen
mean	meant	meant	bedeuten
meet	met	met	treffen; begegnen
pay	paid	paid	bezahlen
prove	proved	proved, proven	beweisen
put	put	put	legen; setzen; stellen; stecken
read [ri:d]	read [red]	read [red]	lesen
ride	rode	ridden	reiten
ring	rang	rung	läuten
rise	rose	risen	aufstehen; aufgehen (Sonne)
run	ran	run	laufen, rennen

Infinitive	*Simple Past*	*Past Participle*	**Übersetzung**
say	said	said	sagen
see	saw	seen	sehen
sell	sold	sold	verkaufen
send	sent	sent	schicken
set	set	set	setzen; stellen
sew	sewed	sewn, sewed	nähen
shake	shook	shaken	schütteln
shine	shone	shone	scheinen
shoot	shot	shot	schießen
show	showed	shown, showed	zeigen
shut	shut	shut	schließen
sing	sang	sung	singen
sink	sank	sunk	sinken; versenken
sit	sat	sat	sitzen
sleep	slept	slept	schlafen
slide	slid	slid	(aus)rutschen
smell	smelt, smelled	smelt, smelled	riechen
speak	spoke	spoken	sprechen
spell	spelt, spelled	spelt, spelled	buchstabieren
spend	spent	spent	ausgeben; verbringen
stand	stood	stood	stehen
steal	stole	stolen	stehlen
stick	stuck	stuck	kleben
sting	stung	stung	stechen
strike	struck	struck	schlagen, hauen
swim	swam	swum	schwimmen
take	took	taken	nehmen
teach	taught	taught	lehren, unterrichten
tear	tore	torn	(zer)reißen
tell	told	told	sagen; erzählen
think	thought	thought	denken
throw	threw	thrown	werfen
understand	understood	understood	verstehen
wake	woke, waked	woken, waked	aufwachen; wecken
wear	wore	worn	tragen (Kleidung)
win	won	won	gewinnen
write	wrote	written	schreiben

Kleines „Lexikon“ grammatischer Begriffe

Adjektiv: *adjective*	**Eigenschaftswort** z. B. *clear, awful, good, fast*
Adverb: *adverb (of manner, of place, of time ...)*	**Umstandswort** der Art und Weise, des Ortes, der Zeit ... z. B. *clearly, awfully, well, fast, here, never*
adverbial clause: adverbialer Nebensatz	z. B. *It was late* ***when she arrived.***
Aktiv: *active (voice)*	Tatform → Passiv
Artikel: *article*	**Geschlechtswort** → bestimmter Artikel, unbestimmter Artikel
bestimmter Artikel: *definite article*	z. B. ***the*** [ðə] *song*, ***the*** [ðiː] *album*
unbestimmter Artikel: *indefinite article*	z. B. ***a*** *song*, ***an*** *album*
attributiv	Stellung des Adjektivs vor einem Substantiv → prädikativ z. B. *He's a sick man.*
auxiliary	→ **Hilfsverb** → *modal auxiliaries*
comparison	→ **Steigerung**
Conditional	**Bedingungsform, Konditional** z. B. *He* ***would help*** *me if he could.*
Conditional Perfect (auch: *Conditional II*)	**Konditional II** z. B. *I* ***would have done*** *it.*
Future (auch: *Future I* bzw. *will-future*)	**Zukunft, Futur** z. B. ***I'll help*** *you. You* ***won't believe*** *it.*
Future Perfect (auch: *Future II*)	**vollendete Zukunft, Futur II** z. B. *He'****ll have finished*** *work by eight o'clock.*
Genitiv: *genitive*	**Besitzfall**, auch *s*-Genitiv oder mit *of* z. B. ***Bob's*** *watch, the top* ***of*** *the box.*
Gerund	**Gerundium** z. B. ***Reading*** *comics is my favourite pastime.*
Hilfsverb: *auxiliary*	Kommt nur zusammen mit Vollverb vor → Vollverb z. B. *have* in: *I* ***have*** *been there.*
indirekte Rede	→ *reported speech*
Infinitiv: *infinitive*	**Grundform, Nennform** z. B. *I want* ***to leave****. You can* ***go****.*

intransitives Verb	Verb ohne direktes Objekt → transitives Verb z. B. *break* in: *My glass* ***broke****.*
Konjunktion	**Bindewort** z. B. *but, and, or, because, while*
Konjunktiv *subjunctive*	**Möglichkeitsform** z. B. *If I* ***were*** *you ...*
Konsonant *consonant*	**Mitlaut** → Vokal z. B. *b, d, g, k, l, m*
modal auxiliaries	**modale Hilfsverben** wie *can, may* und *must*, die „Ersatzverben" *(be able to, be allowed to, have to)* haben, um andere Zeiten als das *Present Tense* zu bilden
Nomen: *noun*	→ **Substantiv**
Objekt: *object*	**Satzergänzung** → Subjekt z. B. *cats* in: *My dog hates* ***cats****.*
Partizip Perfekt: *past participle*	**Mittelwort der Vergangenheit**, die „dritte Form" z. B. *helped, done, seen*
Partizip Präsens: *present participle*	**Mittelwort der Gegenwart** z. B. *seeing, coming, lying*
Passiv: *passive (voice)*	**Leideform** → Aktiv z. B. *My car* ***was stolen*** *...*
Past	**Vergangenheit, Präteritum** eigentlich *Past Tense* und Oberbegriff für → *Simple Past* und → *Past Progressive*, wird aber oft mit *Simple Past* gleichgesetzt
Past Perfect	**vollendete Vergangenheit, Plusquamperfekt** z. B. *I* ***had*** *never* ***seen*** *her before.*
phrasal verb	**Verb kombiniert mit Präposition oder Adverb** z. B. *Linda was* ***running about*** *in the park.*
Plural: *plural*	**Mehrzahl** → Singular z. B. *boys, stories, children*
Possessivbegleiter	**besitzanzeigender Begleiter** (steht immer mit einem Substantiv zusammen!) z. B. ***my*** *(friend),* ***your*** *(house),* ***our*** *(teacher),* ***their*** *(books)*
Possessivpronomen	**besitzanzeigendes Fürwort** (steht im Gegensatz zum Possessivbegleiter ohne Substantiv!) z. B. *mine, yours, ours, theirs*
prädikativ:	Stellung des Adjektivs nach *(to) be, (to) get* usw. → attributiv z. B. *She's ill.*

Präposition: *preposition*	**Verhältniswort** z. B. *in, on, for, after*
Präsens	→ *Present*
preposition	→ **Präposition**
Present	**Präsens, Gegenwart** eigentlich *Present Tense* und Oberbegriff für → *Simple Present* und → *Present Progressive*, wird aber oft mit *Simple Present* gleichgesetzt
Present Perfect	**vollendete Gegenwart** z. B. ***I've seen** the film.*
Present Perfect Progressive	**Verlaufsform des *Present Perfect*** z. B. ***I've been waiting** for hours.*
Present Progressive	**Verlaufsform des Präsens** z. B. *The children **are playing** in the garden.*
Progressive/ Continuous Form	**Verlaufsform** z. B. *I **am working** → **Tenses***
Pronomen: *pronoun*	**Fürwort**, z. B. Personalpronomen *(I, you, he ...)*
question tag	**Frageanhängsel** z. B. *It's hot, **isn't it**?*
relative clause	**Relativsatz** z. B. *This is the bicycle **which was stolen**.*
relative pronoun	**Relativpronomen** z. B. *who, which, what, that, whose, whom* etc.
reported imperative	**indirekter Befehl/indirekte Bitte** z. B. *He told us to leave the classroom.*
reported speech	**indirekte Rede** z. B. *She said (that) she was very happy.*
Simple Form	**Gegenteil von → *Progressive Form*** z. B. *I work* → ***Tenses***
Singular: *singular*	**Einzahl** → Plural z. B. *boy, story, child*
Steigerung: *comparison (of adjectives and adverbs)*	z. B. *fast, **faster, fastest**; good, **better, best**; clearly, **more clearly, most clearly***
Subjekt: *subject*	**Satzgegenstand** → Objekt z. B. *my dog* in: ***My dog** hates cats.*
Substantiv: *noun*	**Hauptwort, Nomen** z. B. *boy, table, oil, idea*

Tenses:	**Zeiten, Tempus:**	
	Simple Form	***Progressive Form***
Present Tense	*I work*	*I am working*
Past Tense	*I worked*	*I was working*
Present Perfect	*I have worked*	*I have been working*
Past Perfect	*I had worked*	*I had been working*
Future I	*I will work*	*I will be working*
Future II	*I will have worked*	*I will have been working*
Conditional I	*I would work*	*I would be working*
Conditional II	*I would have worked*	*I would have been working*

transitives Verb
Verb mit direktem Objekt → intransitives Verb
z. B. *break* in: *I* ***broke*** *a glass.*

Verb
→ Vollverb, Hilfsverb

Vokal: *vowel*
Selbstlaut → Konsonant
a , e, i, o, u

Vollverb
kann allein im Satz vorkommen → Hilfsverb
z. B. *have* in: *I* ***had*** *a cup of tea.*

Register

f. bedeutet: Du findest das Stichwort auf der angegebenen und der folgenden Seite.
ff. bedeutet: Du findest das Stichwort auf der angegebenen und mehreren folgenden Seiten.